Inhaltsverzeichnis

Vorwort

Europa ist „nur“ etwa 10,5 Millionen Quadratkilometer groß und somit der zweitkleinste Kontinent der Erde. Doch umso bunter ist die Vielfalt: In den rund 47 europäischen Staaten sind ca. 750 Millionen Menschen zu Hause, die sich in über 200 verschiedenen Sprachen miteinander verständigen. Die relativ kurzen Distanzen machen es leicht, in die europäischen Nachbarländer zu reisen. Egal ob Palmenstrände oder Hochgebirge, schroffe Vulkanlandschaften oder saftige, grüne Täler, antike Bauwerke oder moderne Kunst – Europa hat nahezu alles zu bieten, was das (Reise-)Herz begehrt!

In dieser Arbeitsmappe lernen die Kinder „ihren“ Kontinent näher kennen: mit seinen Ländern, Hauptstädten, Bergen und Flüssen, ebenso wie den vielen unterschiedlichen Menschen, die hier leben. Eine besondere Rolle spielt die EU, die uns mit vielen anderen europäischen Staaten verbindet und in vielerlei Hinsicht vereint. Mit Hilfe der Arbeitsblätter erhalten die Schüler*innen einen Einblick in europäische Sprachen, Sehenswürdigkeiten, kulinarische Köstlichkeiten, landestypische Feste und Bräuche und vieles mehr. Dabei werden sie immer wieder angeregt, einen Blick über ihren nationalen (und teilweise auch europäischen) Tellerrand zu werfen. So erfahren sie beispielsweise, wie Kinder nach Europa geflüchtet sind, und setzen sich kritisch mit kulturellen Klischees und Vorurteilen auseinander. *„In Vielfalt geeint“* – so lautet nicht nur das Motto der EU, sondern auch der Kerngedanke dieser Projektmappe.

Die Materialien und Anregungen lassen sich gut als Unterrichtsreihe, ebenso wie im Rahmen einer Projektwoche oder auch als Langzeitprojekt einsetzen. Die farbigen Europakarten (physische und politische Übersicht) in der Heftmitte können bei vielen Aufgaben zum Einsatz kommen.
Ergänzende interaktive Materialien zu der Projektmappe finden Sie unter: *https://eduki.com/de/material/1175955/interactive-zur-projektmappe-europa-1*
Zudem befinden sich auf einigen Arbeitsblättern (S. 17, 21, 23, 25, 26, 28, 43, 53) QR-Codes, die die Kinder zu interaktiven Aufgaben weiterleiten, bei denen sie selbstständig ihren Lernfortschritt prüfen können.

Als Abschluss bietet es sich an, ein Europa-Fest zu feiern, bei dem die Kinder ihre Ergebnisse ihren Familien vorstellen.

Ich wünsche Ihnen mit Ihrer Klasse viel Spaß bei der Reise kreuz und quer durch Europa!

Teresa Zabori

Anmerkung: Liebe Lehrkraft, wir möchten in unseren Materialien niemanden benachteiligen oder diskriminieren. Daher nutzen wir unter anderem das Gendersternchen, um alle Geschlechter anzusprechen. In Texten für Schüler*innen verzichten wir jedoch aus Gründen der besseren Lesbarkeit darauf und nutzen weiterhin entweder die „neutrale“ Form oder Doppelformen. Selbstverständlich sind stets alle Geschlechter gemeint.

Hinweise

Vorschläge für den Einstieg

Zum Einstieg in das Thema bieten sich die Arbeitsblätter „Das weiß ich schon über Europa“ (S. 7) und „Willkommen in Europa!“ (S. 8) an. Anschließend können Sie mit den Kindern dazu gemeinsam ins Gespräch kommen und Europa auf einer großen Landkarte oder einem Globus betrachten. Hängen Sie die Europakarte gerne im Klassenraum auf, sodass die Kinder sie während des gesamten Projektes immer vor Augen haben.

Ideen für Aktivitäten

- **Unser Europa-Koffer**
  Bringen Sie einen großen leeren Koffer mit und legen Sie ihn geöffnet auf einen Tisch in einer Ecke des Klassenraums. Im Laufe des Projektes können ihn die Kinder mit verschiedenen Gegenständen aus Europa füllen, wie zum Beispiel Postkarten, Münzen und Scheinen aus verschiedenen europäischen Ländern, Reiseandenken wie Kühlschrankmagneten, Länderflaggen, typischen Kleidungsstücken etc.
- **Europa im Schuhkarton**
  Jedes Kind entscheidet sich für ein (anderes) europäisches Land und gestaltet dazu einen Schuhkarton. Mögliche Elemente können beispielsweise sein: die Länderflagge, die Abbildung des Landes auf der Karte (mit Hauptstadt), Fotos von typischen Landschaftselementen (Berge, Meer, Felder…) oder auch Städten, nachgebaute oder selbst gebastelte Sehenswürdigkeiten, eine Sprechblase mit „Guten Tag“ in der jeweiligen Landessprache etc. Die Kinder können „ihre“ Länder in den Schuhkartons dann ihren Mitschüler*innen vorstellen und eine kleine Europa-Ausstellung gestalten.
- **Europäische Bücherecke**
  Lassen Sie die Kinder Bücher mitbringen, die von europäischen Autor*innen geschrieben wurden und/oder bei denen die Handlung in einem anderen, europäischen Land angesiedelt ist. Diese können in einem Bücherregal nach Ländern sortiert werden. Hier bieten sich die schwedischen Kinderbücher-Klassiker von Astrid Lindgren ebenso an wie die französischen Asterix- oder belgischen Marsupilami-Comics, russische Volksmärchen oder die britischen Harry-Potter-Bände.
- **Internationales Kochbuch**
  Erstellen Sie mit den Kindern ein gemeinsames, internationales Kochbuch mit ihren eigenen Lieblingsrezepten. Eine Blankovorlage finden Sie dazu auf Seite 45. Als digitale Alternative bietet sich eine TaskCard *(www.taskcards.de)* an, in welche die Kinder ihre Rezepte eintragen.
- **Unser Wörterbuch**
  Mit besonderer Unterstützung von mehrsprachigen Kindern können Sie gemeinsam mit der Klasse ein Wörterbuch zu Alltagsgegenständen in unterschiedlichen Sprachen erstellen. Zusätzlich können die Begriffe auf kleine Zettel geschrieben, mit der jeweiligen Landesflagge markiert und an den jeweiligen Gegenstand geklebt werden. Wenn sich Kinder in der Klasse befinden, die außereuropäische Sprachen sprechen, sollten diese natürlich auch mit einbezogen werden. Besonders spannend wird es, wenn andere Schriften wie kyrillische oder arabische Schriftzeichen mit ins Spiel kommen. Dann sollte die Aussprache der Wörter in Klammern daruntergeschrieben werden.
- **Kunst und Kultur**
  Die Möglichkeiten, sich kreativ mit der europäischen Kunst und Kultur auseinanderzusetzen, sind schier unbegrenzt. Beispielsweise können die Kinder Bilder nach dem Vorbild französischer Künstler*innen malen, Tänze wie den griechischen Sirtaki einüben und typische Musik hören – von Mozart bis hin zu den Beatles.

- **Europa hautnah erleben**
  Die authentischsten und wertvollsten Erfahrungen erhalten die Kinder, wenn sie in einen echten Dialog mit Kindern aus anderen Ländern treten oder diese besuchen. Wenn Sie in einer grenznahen Region wohnen, ergibt sich vielleicht die Möglichkeit für einen (Tages-)Ausflug in ein europäisches Nachbarland. Um erste Kontakte zu Lehrkräften aus anderen europäischen Ländern zu knüpfen, können Sie die Plattform „eTwinning“ nutzen *(www.erasmusplus.schule/digitaler-austausch/).* Auf der Plattform können sich Lehrkräfte aller Fächer, Jahrgangsstufen und Schulformen anmelden, mit Partner*innen aus europäischen Staaten vernetzen und gemeinsame Online-Projekte zu ausgewählten Themen durchführen. Auch Fortbildungen und Schüleraustausche mit europäischen Partner*innen lassen sich ggf. darüber bzw. das Programm „ERASMUS+ Schule“ *(www.erasmusplus.schule)* realisieren. Dies ist auch im Grundschulbereich möglich.
  Tipp: *www.youtube.com* → ERASMUS+ Programm für Grundschulen

Abschluss: Europa-Fest

Ein gelungener Abschluss zu dem Projekt ist ein gemeinsames Europa-Fest, zu dem auch die Familien der Kinder eingeladen werden. Dies gibt den Kindern die Gelegenheit, ihre Ergebnisse vorzustellen. Dabei können sie beispielsweise ihre selbst gebauten Sehenswürdigkeiten (s. S. 53) in einer kleinen Ausstellung präsentieren, ein kleines Sprach- und Europa-Quiz vorbereiten und Lieder und/oder Tänze aus anderen europäischen Ländern vorstellen. Natürlich dürfen auch leckere Speisen aus ganz Europa nicht fehlen! Bereiten Sie mit den Kindern ihre (internationalen) Lieblingsgerichte zu (S. 45) oder fragen Sie die Eltern, ob sie traditionelle Speisen mitbringen können.

 Zum Kapitel „Europa auf der Landkarte“ (ab S. 9)

Lassen Sie die Kinder die Arbeitsblätter mit Hilfe der Europa-Karten aus der Heftmitte lösen und stellen Sie ihnen zusätzlich ggf. Atlanten bzw. Europakarten zur Verfügung. Eine politische und physische Karte von Europa und seinen Nachbarländern in deutsch-englisch und deutsch-arabisch steht darüber hinaus zum kostenlosen Download bei der Bundeszentrale für Politische Bildung bereit: *www.bpb.de/shop/materialien/karten/258388/europa-und-seine-nachbarn/*
Im Anschluss an das Kapitel können die Kinder ihr Europa-Wissen spielerisch und interaktiv auf folgender Website testen: *www.toporopa.eu/de/*

Zu „Länder-Steckbrief“, S. 20:

Den Länder-Steckbrief können die Schüler*innen gut in Partner- oder Gruppenarbeit ausfüllen. Stellen Sie ihnen dazu die Europakarte aus der Heftmitte, Atlanten und/oder weitere Europakarten, die Länder-Kartei (s. S. 9 – 16) und digitale Geräte für eine Internetrecherche bereit. Gut geeignet ist die Suchmaschine *www.fragfinn.de.* Nach einer Präsentation im Plenum können die Länder-Steckbriefe im Klassenraum aufgehängt oder zu einem „Europa-Buch“ zusammengeheftet werden. Alternativ können die Steckbriefe auch nur zu einem ersten, systematischen Sammeln von Informationen über das jeweilige Land genutzt werden. Darauf aufbauend können die Kinder dann Plakate mit Fotos bzw. Ausdrucken aus dem Internet über die jeweiligen Länder gestalten und präsentieren. Das Plakat kann natürlich auch in digitaler Form erstellt werden, zum Beispiel mit dem kollaborativen Zeichentool Excalidraw von kits *(kits.blog/tools/).*

Zum Kapitel „Die Europäische Union“ (ab S. 25)

Eine aktuelle Karte der EU mit den Flaggen und wichtigsten Daten aller Mitgliedstaaten findet sich zum kostenlosen Download unter:
www.europaimunterricht.de/unterrichtseinheiten-laender#c65973
Bei der Bundeszentrale für Politische Bildung lässt sich außerdem kostenlos ein Poster mit einer kindlich gestalteten Übersicht über die Organe der EU bestellen: *www.bpb.de/shop/materialien/hanisauland/34217/die-europaeische-union/*

Zu „Die Symbole der EU“, S. 26 / 27:

Bringen Sie am besten von jeder Euro- und Centmünze mehrere Exemplare mit, damit alle Kinder sie durch das Papier rubbeln können.

Zu „Die Geschichte der EU“, S. 28:

Ältere bzw. leistungsstärkere Schüler*innen können die einzelnen EU-Länder in der Reihenfolge ihres EU-Beitritts auf einer Karte (z. B. Karte S. 25) anmalen und somit die Beitrittsgeschichte farblich visualisieren. Dazu können Sie ihnen farbliche Vorgaben an die Hand geben, wie zum Beispiel Rot für die Gründung 1957, Grau für den Beitritt 1973, Blau für den Beitritt 1981 und 1986, Grün für den Beitritt 1995 und Gelb für den Beitritt ab 2000. Dazu sollte eine kleine Legende in die Karte gezeichnet werden. **Achtung:** Großbritannien sollte zum Schluss wieder radiert werden!

Zu „Wie wird die EU regiert?“, S. 34:

Für eine vertiefende Auseinandersetzung mit dem Thema können die Schüler*innen in Gruppenarbeit Plakate zu den einzelnen Organen der EU erstellen und diese anschließend im Plenum präsentieren. Zur Recherche bietet sich folgender interaktiver Rundgang an, der viele kindgerecht aufbereitete Informationen enthält: *www.hanisauland.de/static/eu-tour/*

Zu „Flucht in die EU“, S. 36 / 37:

Ehe Sie sich mit diesem emotional sehr bewegenden Thema beschäftigen, sollten Sie sichergehen, dass sich keine Kinder mit traumatischen Fluchterfahrungen in der Klasse befinden. Andernfalls sollte auf den Einsatz der beiden Arbeitsblätter besser verzichtet werden.
Wenn Sie über die beiden Flüchtlingsbiografien im Unterricht sprechen, können Sie abschließend fragen, ob die Schüler*innen Tipps für die beiden Kinder aus den Texten (oder ihre Mitschüler*innen) haben: Was könnten sie tun, um mehr Kontakt zu anderen, schon lange dort lebenden Kindern zu bekommen? Wie kann man das Leben in der neuen Heimat so gestalten, dass alle sich wohlfühlen? Fragen Sie auch, was generell wichtig ist, wenn man in ein neues, fremdes Land kommt. Welche Schwierigkeiten und Probleme gibt es? Wie lassen sich diese überwinden?

Zum Kapitel „Ein Europa – viele Nationen“ (ab S. 38)

Zu „Steckbrief: Ich komme aus ...“, S. 38:

Den Steckbrief können die Kinder in Einzelarbeit oder im Rahmen eines Partnerinterviews ausfüllen. Wer mag, kann im Anschluss sich selbst oder seine / n Partner*in in der Klasse vorstellen. Dies kann gerne vor einer großen Europa- oder gar Weltkarte geschehen. Dann können alle Kinder gemeinsam schauen, woher ihre Klassenkameraden oder ihre Familien kommen bzw. wo sie geboren sind. Wenn die Karte an einer Pinnwand befestigt ist, kann jedes Kind einen Pin oder eine kleine mit seinem Namen beschriftete Länderfahne in das jeweilige Land stecken. So sehen die Kinder, woher die Mitschüler*innen bzw. ihre Familien stammen, die gerade über ihre (Mutter-)Sprachen, typische Gerichte und andere kulturelle Besonderheiten aus ihrem Lebensalltag berichten.

Zu „Memo-Spiel: Hej og farvel!“, S. 41 / 42:

Ehe die Kinder das Spiel spielen, bietet es sich an, alle Wörter gemeinsam in der Klasse anzuhören (und ggf. gemeinsam nachzusprechen). Dies ist zum Beispiel über Google Translate oder diese Website möglich: *www.app2brain.com/de/sprachen-lernen/woerter-saetze/*

Zu „Weihnachtspost“, S. 48 / 49:

Die E-Mails der beiden Kinder eignen sich gut, um mit den Schüler*innen ins Gespräch zu kommen, wie sie selbst Weihnachten oder andere Feste feiern. Dazu können beispielsweise zwei Kinder die E-Mails vorlesen und danach alle, die mögen, selbst berichten. Es bietet sich an, einen Klassenkalender mit allen (internationalen) Festen zu erstellen, die die Kinder feiern. Dort können die Kinder auch weitere typisch europäische Feste und Bräuche eintragen (s. S. 46 – 51).

Zum Kapitel „Wir reisen durch Europa“ (ab S. 53)

Zu „Sehenswürdigkeiten in Europa“, S. 53 / 54:

Bitte stellen Sie den Kindern zum Gestalten der Sehenswürdigkeiten geeignete Bastelmaterialien (z. B. Pappe, Bausteine, alte Kartons …) bereit bzw. lassen Sie die Schüler*innen diese von zu Hause mitbringen. Mit den nachgebauten Sehenswürdigkeiten kann anschließend eine kleine Ausstellung gestaltet werden, zum Beispiel in Glaskästen im Foyer der Schule.
Zusatztipp: Ein Memo-Spiel zu Sehenswürdigkeiten in den 27 EU-Ländern finden Sie hier: *www.europa.eu/kids-corner/games-brexit/memory_landmark/assets/pdf/memory-game-offline-LANDMARK_DE.pdf*

Zu „Unser Urlaub in Europa“, S. 56:

Die Aufgaben können die Kinder in Form einer Partner- oder Gruppenarbeit durchführen. Bitte stellen Sie jedem Kinderpaar bzw. jeder Gruppe eine schwarz-weiße Blanko-Europakarte zur Verfügung, in welche die Schüler*innen ihre Reiseroute einzeichnen können.

Zu „Kreuz und quer durch Europa“, S. 57:

Zum Lösen der Aufgaben benötigen die Kinder ebenfalls eine schwarz-weiße Blanko-Europakarte.

Internetadressen für Kinder:

- *https://klexikon.zum.de/wiki/Europa*
- *https://klexikon.zum.de/wiki/Europ%C3%A4ische_Union*
- *www.kinderweltreise.de/kontinente/europa/* (Für die Nutzung der Inhalte im Unterricht ist eine Schullizenz erforderlich)
- *www.toporopa.eu/de/ (interaktives Quiz)*
- *eduki-Link zum eigenen Quiz (interaktive Arbeitsblätter)*

Buchtipps:

- Kienle, Dela: Europa: Länder, Menschen, Hintergründe. Carlsen Verlag 2021.
- Weller-Essers, Andrea / Knappe, Joachim et al.: Was ist Was? Band 113: Europa. Menschen, Länder und Kulturen. Tessloff Verlag 2013.

Das weiß ich schon über Europa

Löse die Aufgaben. Sprecht dann gemeinsam in der Klasse über eure Antworten.

1. Wo liegt Europa auf der Welt? Male es bunt an.

2. Kreuze an: Europa ist ein …

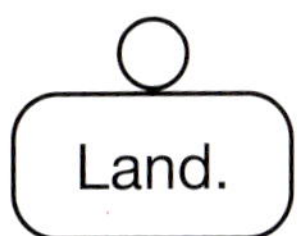
Land.

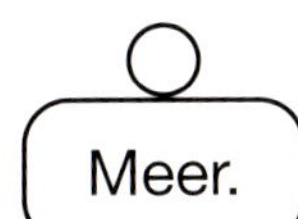
Meer.

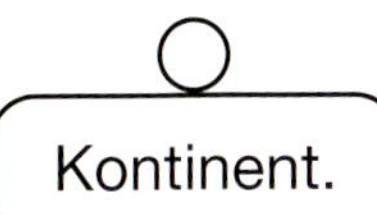
Kontinent.

3. Welche Länder in Europa kennst du?

____

____

____

4. In welchen Ländern in Europa bist du schon gewesen?

____

____

5. Wo hat es dir gut gefallen? Warum?

____

____

____

Willkommen in Europa!

1. Der Name Europa kommt aus einer griechischen Sage.
   Lies und ergänze die Lücken. Diese Wörter helfen dir:
   Stier – Söhne – Kontinent – Prinzessin – Europa – Gott – Mittelmeer

Ich bin Europa, eine phönizische* ____________________ .

Der griechische ______________ Zeus hat sich in mich verliebt.

Um mit mir zusammen zu sein, hat er sich in einen ______________ verwandelt und mich entführt.

Er ist mit mir durch das ____________________ bis zur Insel Kreta geschwommen. Dort haben wir drei __________ bekommen.

Der ____________________ , zu dem Kreta gehört, wurde nach mir benannt: ______________ .

* Die Phönizier lebten vor 3000 Jahren an der Ostküste des Mittelmeeres.

2. In dem Text fehlen einige Zahlen. Kannst du sie richtig zuordnen? Trage sie in die Lücken ein:
   47 – 60 – 10,5 Millionen – zweitkleinste – 750 Millionen

Europa in Zahlen

Europa ist der ________________________ Kontinent der Erde. Und doch ist Europa ziemlich groß: etwa ________________________ Quadratkilometer. Es gibt _______ Länder. In ihnen leben ungefähr ________________ Menschen. Sie sprechen über _______ verschiedene Sprachen. Unglaublich, oder?

Länder-Kartei: Europa

Albanien

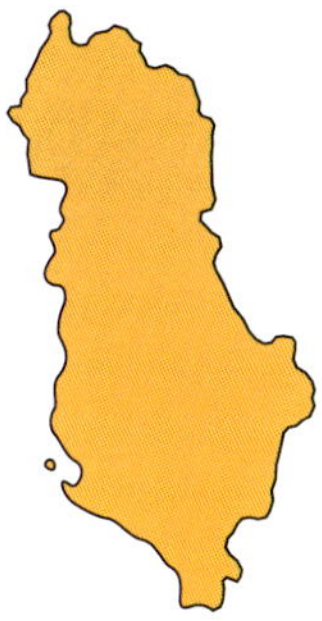

28 748 km²

Tirana

2,8 Mio.

Albanisch

Andorra

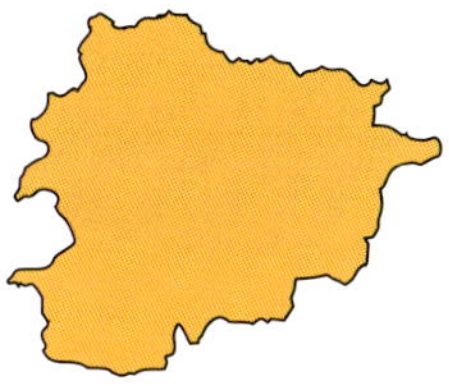

468 km²

Andorra la Vella

80 000

Katalanisch, Spanisch, Portugiesisch, Französisch

Belarus

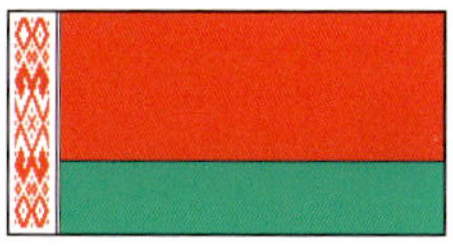

207 595 km²

Minsk

9,5 Mio.

Belarussisch, Russisch

Belgien

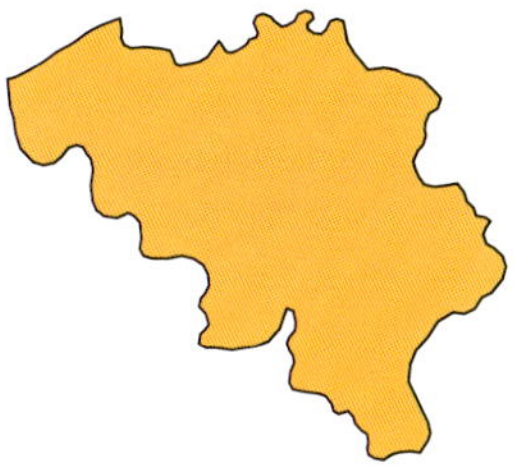

30 688 km²

Brüssel

11,7 Mio.

Niederländisch, Französisch, Deutsch

Bosnien und Herzegowina

51 129 km²

Sarajevo

3,2 Mio.

Bosnisch, Serbisch, Kroatisch

Bulgarien

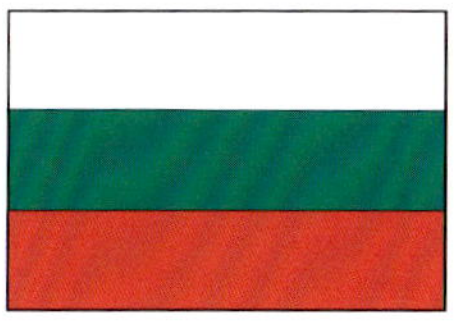

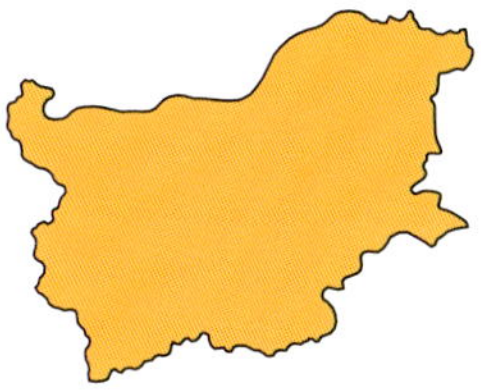

110 994 km²

Sofia

6,8 Mio.

Bulgarisch

Länder-Kartei: Europa

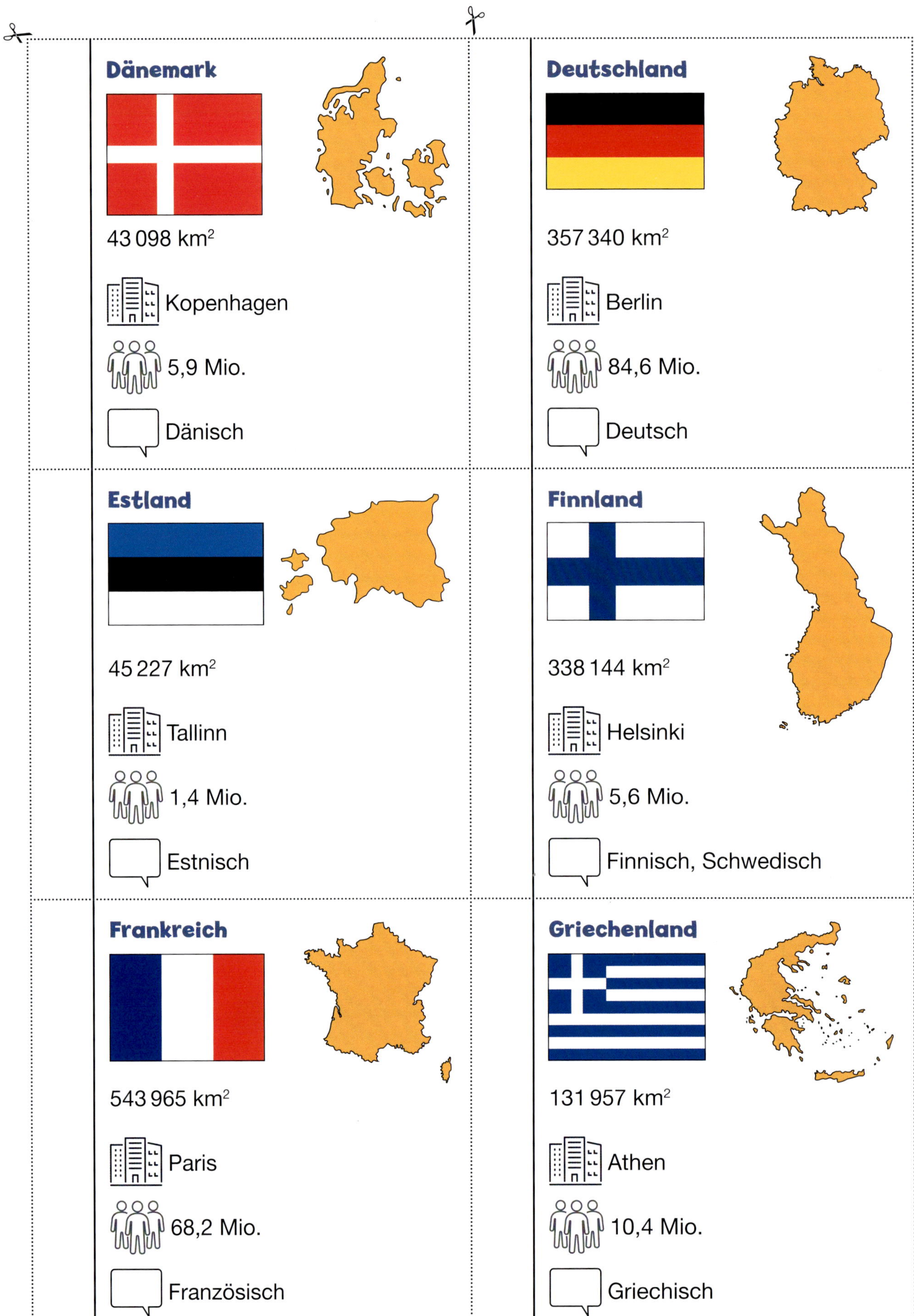

Dänemark

43 098 km²

Kopenhagen

5,9 Mio.

Dänisch

Deutschland

357 340 km²

Berlin

84,6 Mio.

Deutsch

Estland

45 227 km²

Tallinn

1,4 Mio.

Estnisch

Finnland

338 144 km²

Helsinki

5,6 Mio.

Finnisch, Schwedisch

Frankreich

543 965 km²

Paris

68,2 Mio.

Französisch

Griechenland

131 957 km²

Athen

10,4 Mio.

Griechisch

Länder-Kartei: Europa

Irland

70 273 km²

Dublin

5,2 Mio.

Englisch, Irisch

Island

103 000 km²

Reykjavík

390 000

Isländisch

Italien

301 338 km²

Rom

59 Mio.

Italienisch

Kosovo

10 908 km²

Pristina

1,8 Mio.

Albanisch, Serbisch

Kroatien

56 594 km²

Zagreb

3,9 Mio.

Kroatisch

Lettland

64 573 km²

Riga

1,9 Mio.

Lettisch

Länder-Kartei: Europa

Liechtenstein

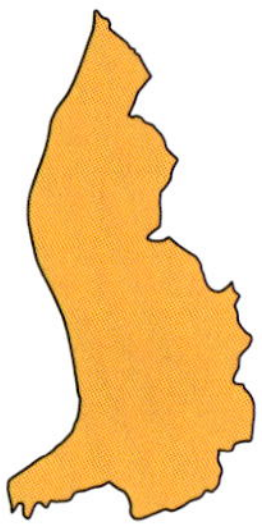

160 km²

Vaduz

38 500

Deutsch

Litauen

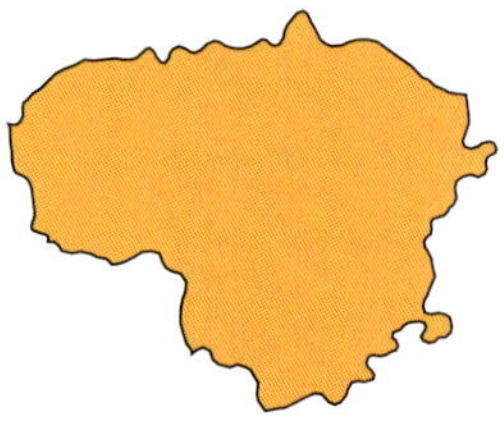

65 300 km²

Vilnius

2,8 Mio.

Litauisch

Luxemburg

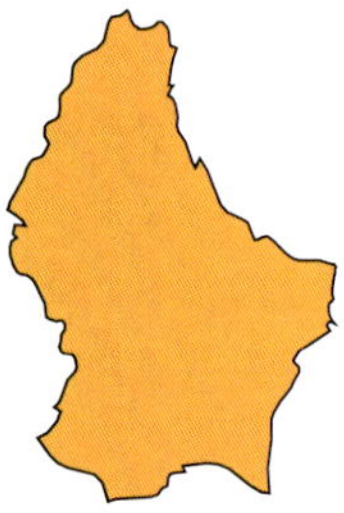

2 586 km²

Luxemburg

660 000

Luxemburgisch, Französisch, Deutsch

Malta

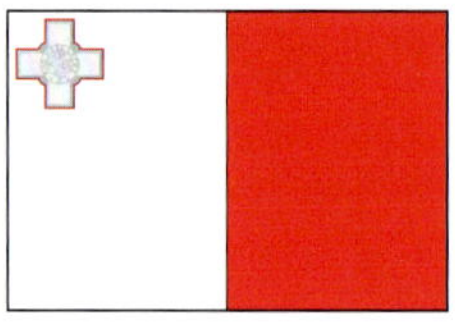

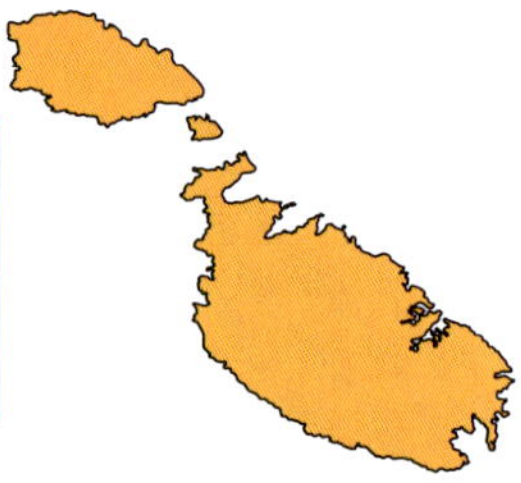

316 km²

Valletta

530 000

Maltesisch, Englisch

Moldau (auch Moldawien)

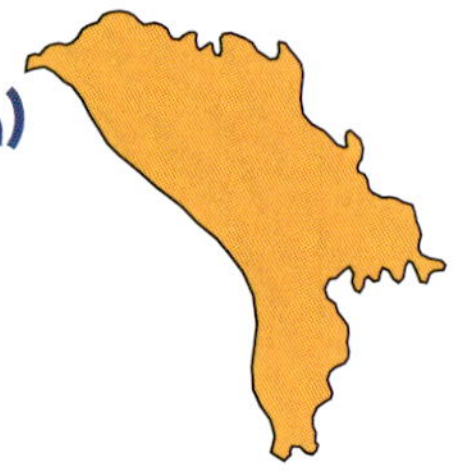

33 843 km²

Chișinău

3,3 Mio.

Rumänisch

Monaco

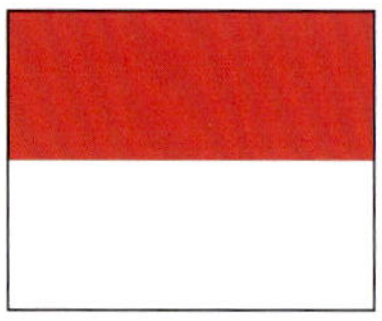

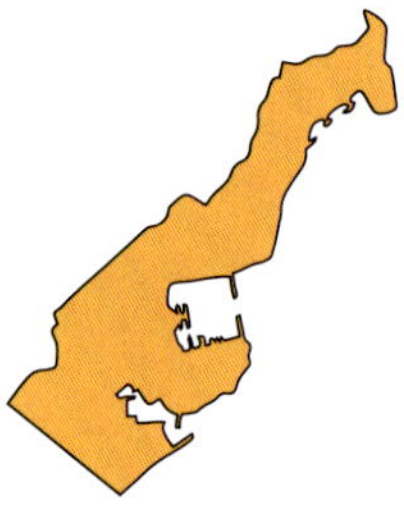

2 km²

Monaco

40 000

Französisch

Länder-Kartei: Europa

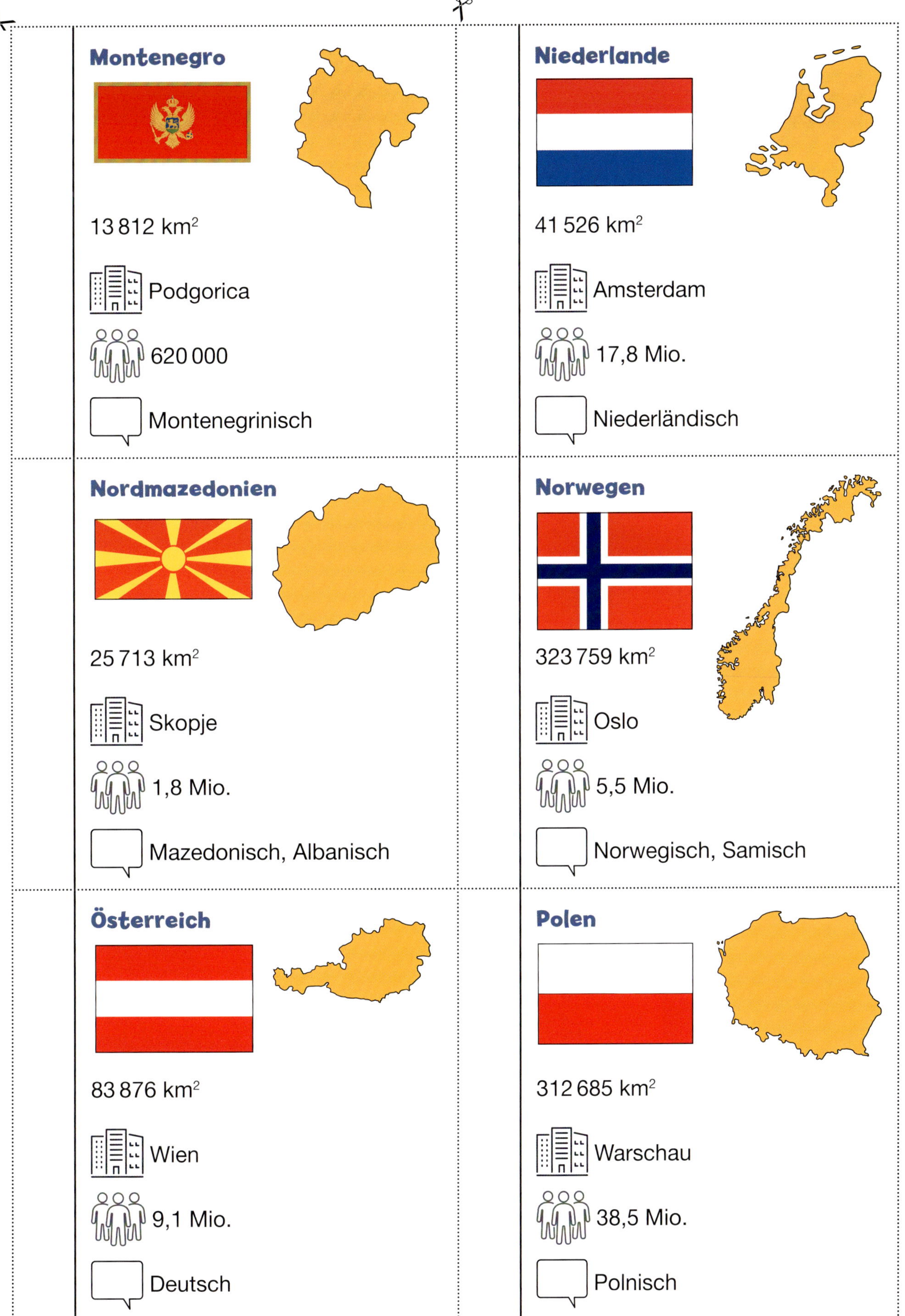

Montenegro

13 812 km²

Podgorica

620 000

Montenegrinisch

Niederlande

41 526 km²

Amsterdam

17,8 Mio.

Niederländisch

Nordmazedonien

25 713 km²

Skopje

1,8 Mio.

Mazedonisch, Albanisch

Norwegen

323 759 km²

Oslo

5,5 Mio.

Norwegisch, Samisch

Österreich

83 876 km²

Wien

9,1 Mio.

Deutsch

Polen

312 685 km²

Warschau

38,5 Mio.

Polnisch

Länder-Kartei: Europa

Portugal

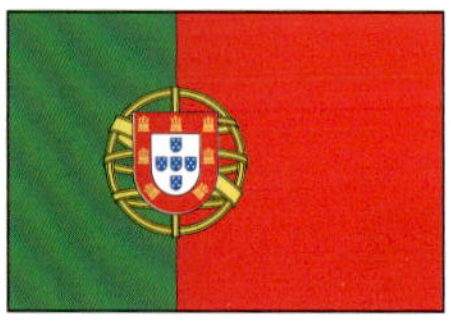

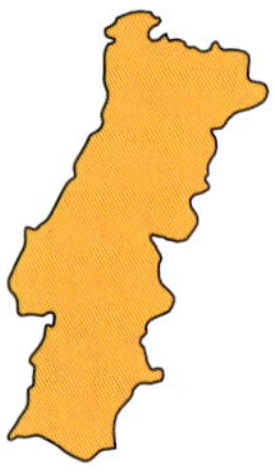

88 889 km²

Lissabon

10,4 Mio.

Portugiesisch

Rumänien

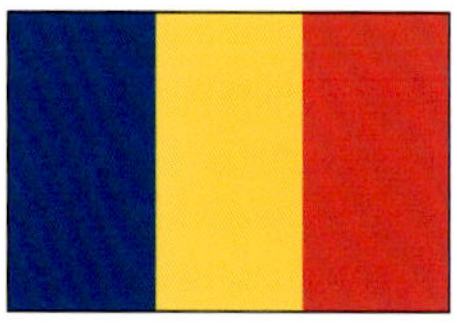

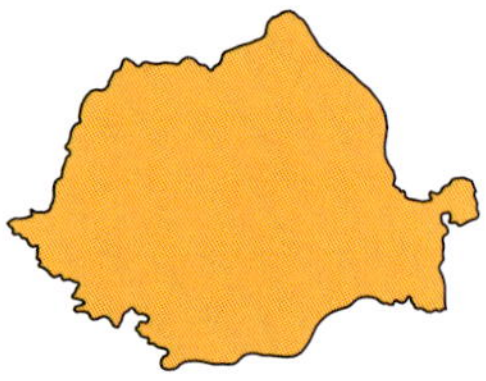

238 391 km²

Bukarest

19,0 Mio.

Rumänisch

Russland

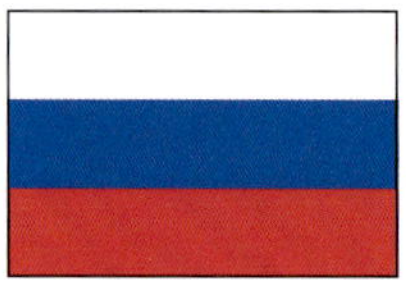

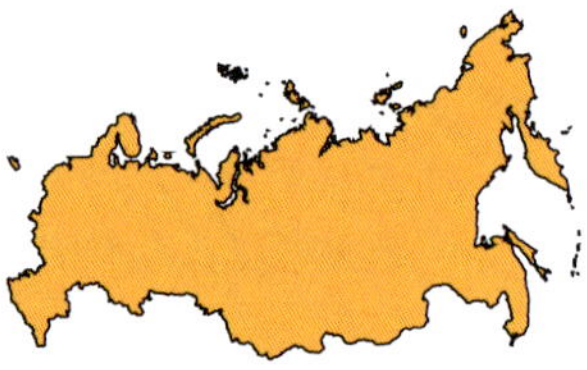

17 074 636 km² (Europa und Asien)

Moskau

144,3 Mio.

Russisch

San Marino

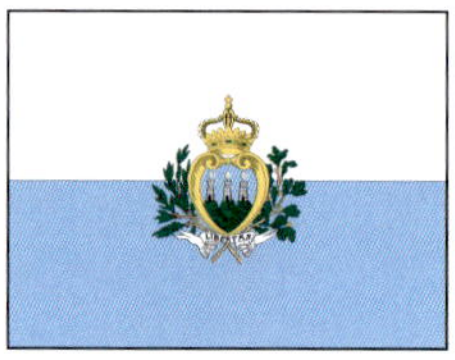

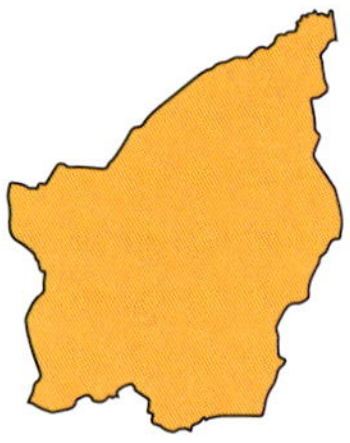

61 km²

San Marino

34 000

Italienisch

Schweden

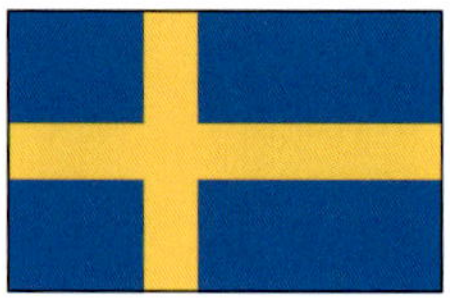

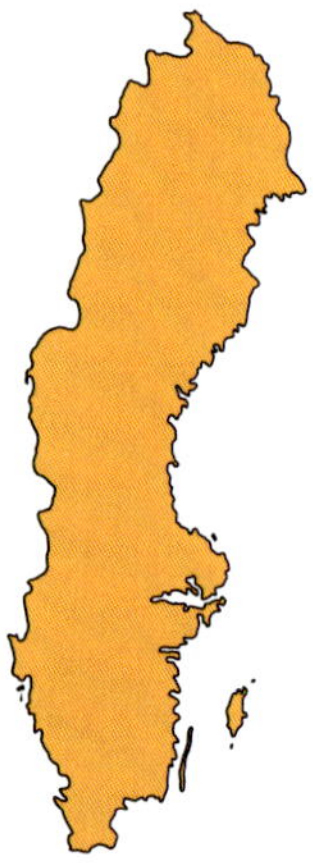

449 964 km²

Stockholm

10,6 Mio.

Schwedisch

Schweiz

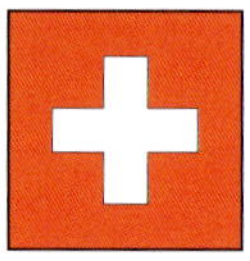

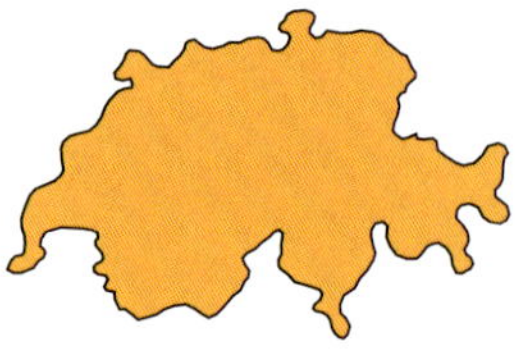

41 285 km²

Bern

8,8 Mio.

Deutsch, Französisch, Italienisch, Rätoromanisch

Länder-Kartei: Europa

Serbien

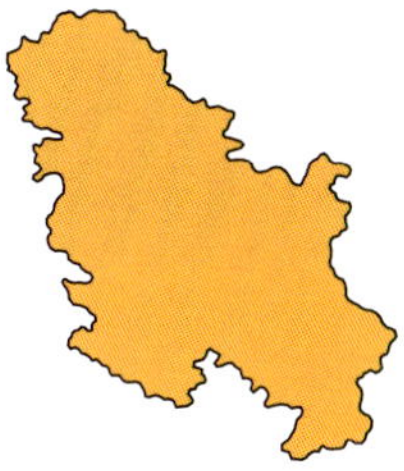

77 474 km²

Belgrad

6,9 Mio.

Serbisch

Slowakei

49 035 km²

Bratislava

5,5 Mio.

Slowakisch

Slowenien

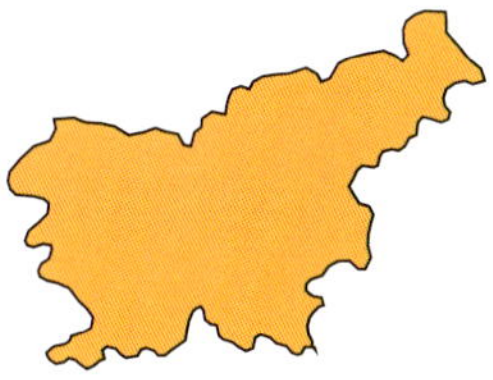

20 253 km²

Ljubljana

2,1 Mio.

Slowenisch

Spanien

504 654 km²

Madrid

47,9 Mio.

Spanisch

Tschechien

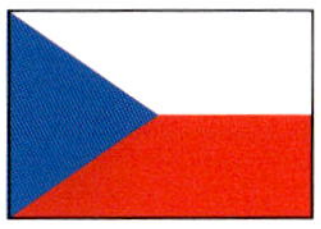

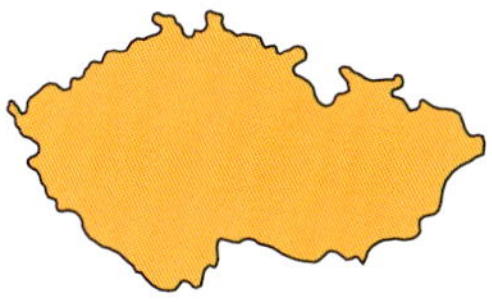

78 871 km²

Prag

10,9 Mio.

Tschechisch

Türkei

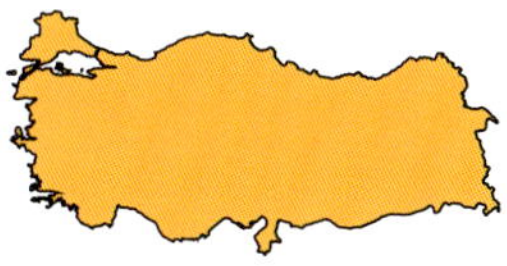

783 562 km² (in Europa u. Asien)

Ankara

85,3 Mio.

Türkisch

Länder-Kartei: Europa

Ukraine

603 700 km²

Kiew

36,7 Mio.

Ukrainisch

Ungarn

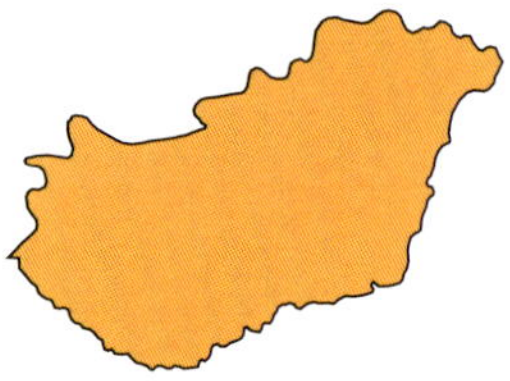

93 030 km²

Budapest

9,7 Mio.

Ungarisch

Vatikan

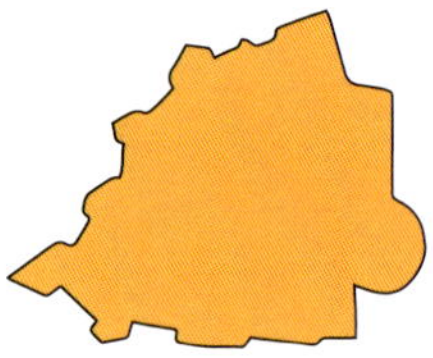

0,44 km²

Vatikan

453

Italienisch, Latein

Vereinigtes Königreich Großbritannien und Nordirland

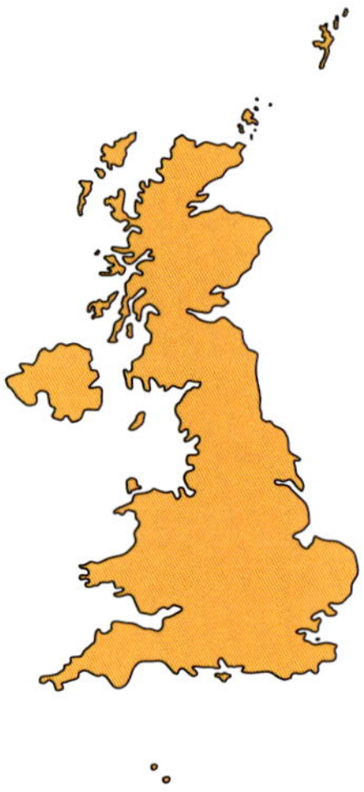

248 528 km²

London

68,1 Mio.

Englisch

Zypern

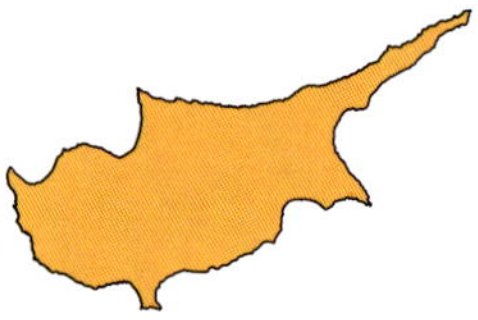

9 251 km²

Nikosia

930 000

Griechisch, Türkisch

Länderkartei Europa

Von: ____________________

Hauptstädte in Europa

Aufgaben

1. Schaue dir die Länder an. Lies die Namen der Hauptstädte.
2. Zu welchem Land gehören sie? Verbinde richtig.

Berlin | Kopenhagen | Stockholm | Prag

Reykjavík | Amsterdam | London | Brüssel | Madrid

Riga | Moskau | Kiew | Bukarest

Island
Schweden
Dänemark
Lettland
Russland
Vereinigtes Königreich
Niederlande
Deutschland
Belgien
Tschechien
Ukraine
Frankreich
Österreich
Ungarn
Rumänien
Kroatien
Serbien
Spanien
Italien
Türkei
Griechenland

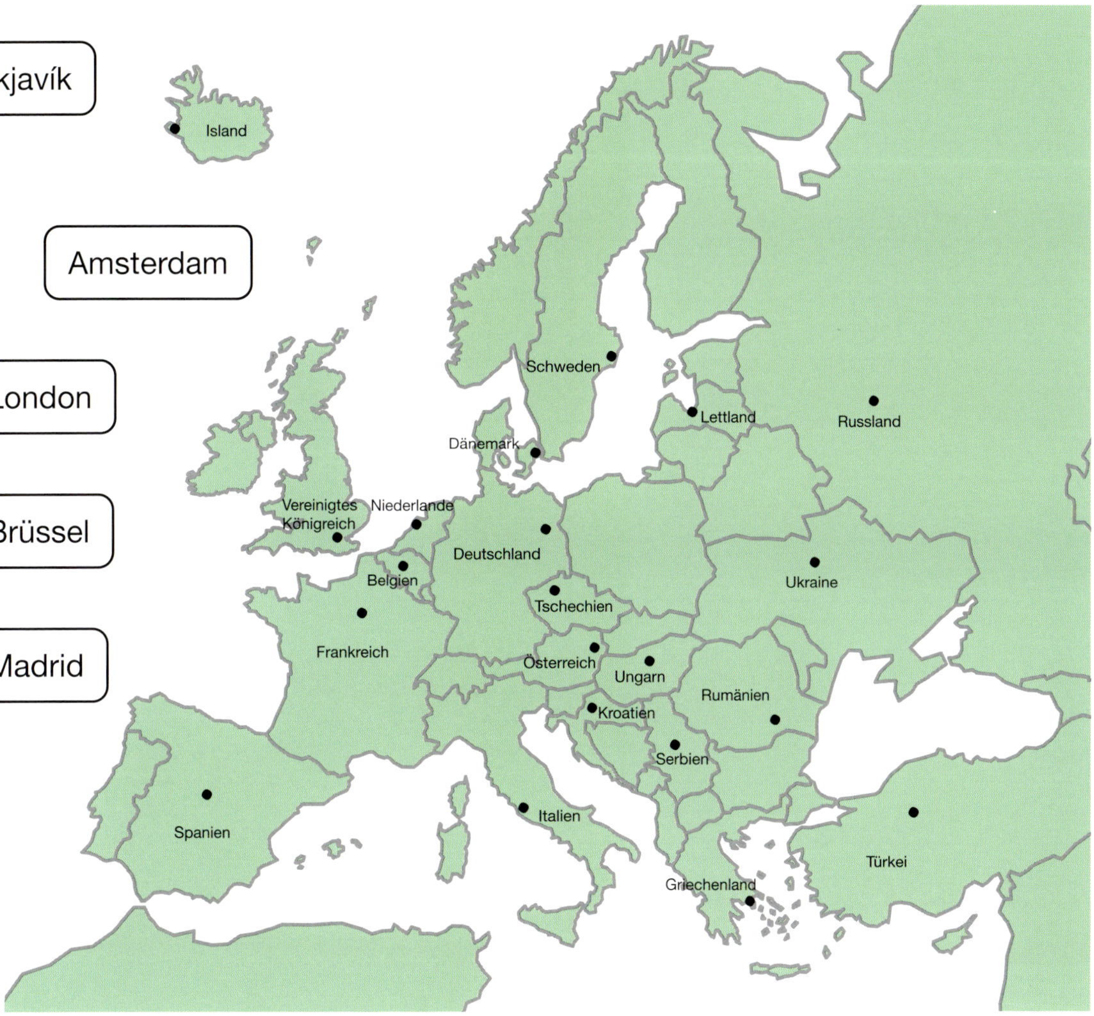

Paris | Wien | Budapest | Belgrad

Rom | Zagreb | Athen | Ankara

Wie heißt die Hauptstadt?

Aufgaben

1. Lies die Namen der Hauptstädte. Zu welchem Land gehören sie?
2. Trage sie richtig in die Tabelle ein.

Ankara – Amsterdam – Athen – Belgrad – Berlin – Brüssel – Budapest – Bukarest – Kopenhagen – Kiew – London – Madrid – Paris – Prag – Riga – Rom – Stockholm – Warschau – Wien – Zagreb

Land	Hauptstadt
Spanien	
Niederlande	
Griechenland	
Vereinigtes Königreich	
Deutschland	
Polen	
Ungarn	
Italien	
Dänemark	
Tschechien	
Serbien	
Türkei	
Frankreich	
Kroatien	
Lettland	
Rumänien	
Schweden	
Belgien	
Österreich	
Ukraine	

***Zusatzaufgabe:** Welche europäischen Länder fehlen hier? Schaue in den Atlas oder auf eine Europa-Karte. Schreibe die Länder zusammen mit ihrer Hauptstadt in dein Heft.

Deutschlands Nachbarländer

Aufgaben

1. Wie heißen Deutschlands Nachbarländer? Trage die Namen richtig in die Karte ein:
   Belgien – Dänemark – Frankreich – Luxemburg – Niederlande – Österreich – Polen – Schweiz – Tschechien
2. Male die Flaggen dazu.
3. Schreibe auch die Namen der Meere hinzu:
   Nordsee – Ostsee

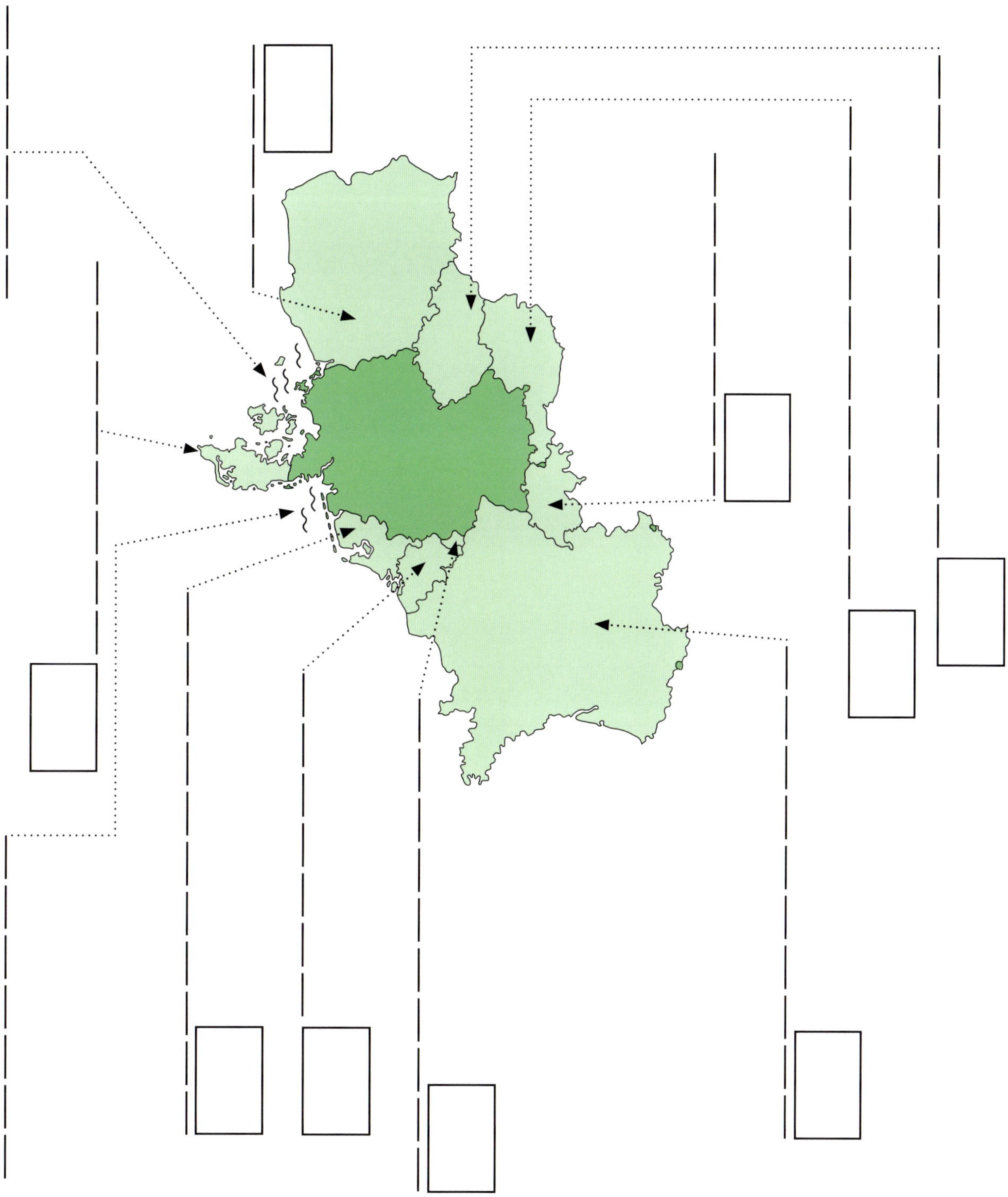

Länder-Steckbrief

Aufgaben

1. Suche dir ein europäisches Land aus.
2. Suche Informationen im Internet und in Büchern und fülle den Steckbrief aus.

Name des Landes: ______________________

Hauptstadt: ______________________

Sprache(n): ______________________

Größe: ______________ **km²**

Flagge

Einwohnerzahl: ______________________

Nachbarländer: ______________________

____

Große Flüsse und Seen: ______________________

____

Hohe Berge: ______________________

Typische Speisen: ______________________

____

Berühmte Menschen aus dem Land: ______________________

____

Besonderheiten: ______________________

____

____

____

Meere und Gebirge in Europa (1)

Aufgaben

1. Lies die Beschreibungen der Meere und Gebirge.
2. Trage die Namen in die Karte auf Arbeitsblatt (2) ein.
3. Male die Meere mit Buntstift hellblau und die Gebirge hellbraun. Färbe die übrige Karte grün ein.

 Der Ural bildet die Grenze zu Asien.

 Das Skandinavische Gebirge liegt in Nordeuropa.

 Die Pyrenäen trennen Frankreich und Spanien.

Ural

 Die Alpen sind das höchste Gebirge in Europa. Dort steht auch der höchste Berg Europas, der Mont Blanc.

 Die hohen Gipfel des Kaukasus ziehen sich vom Schwarzen bis zum Kaspischen Meer.

 Die Karpaten sehen aus der Luft wie ein Halbmond aus.

Mont Blanc

 Das Mittelmeer liegt zwischen Europa und Afrika.

 Das Schwarze Meer sieht aus der Luft aus wie ein riesiger See. Nur an einer kleinen Stelle in der Türkei können Schiffe aus dem Mittelmeer ins Schwarze Meer fahren.

 Die Nordsee liegt zwischen Großbritannien und Norwegen.

 Wenn du von der Nordsee aus um Dänemark herumfährst, kommst du in die Ostsee.

 Der Atlantik ist ein Weltmeer. Zu ihm gehören auch die Nordsee und die Ostsee. Er erstreckt sich von Europa und Afrika bis hin nach Nord- und Südamerika.

 Das Kaspische Meer trennt Europa von Asien. Eigentlich ist es gar kein richtiges Meer, sondern der größte See der Erde.

Nordsee

Meere und Gebirge in Europa (2)

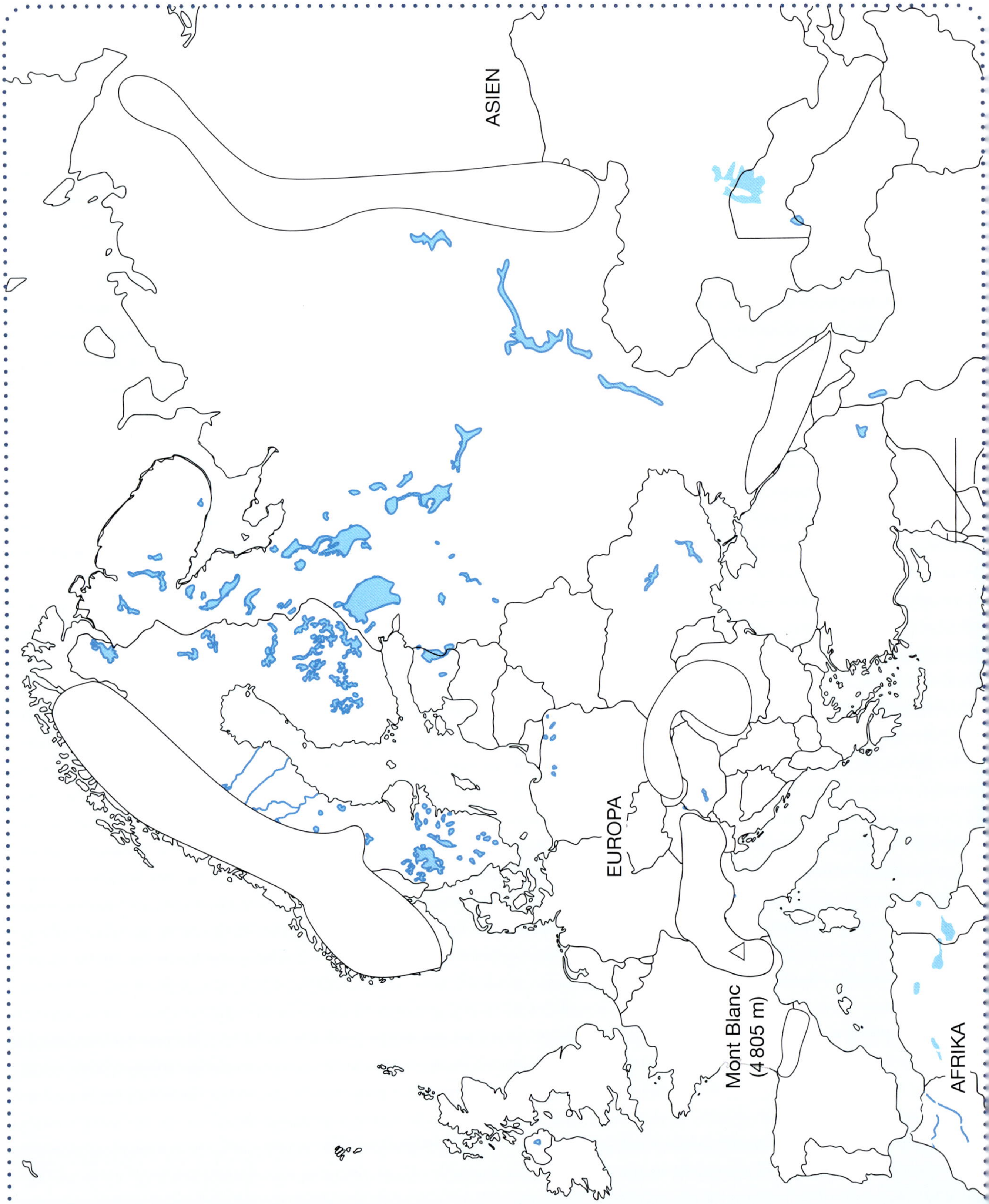

ASIEN

EUROPA

Mont Blanc
(4 805 m)

AFRIKA

Große Flüsse in Europa

Aufgaben

1. Wie heißen die Flüsse? Schaue dazu auf die Europa-Karte oder in den Atlas. Schreibe die Namen der Flüsse zu den richtigen Nummern.
2. Suche dir einen dieser Flüsse aus. Suche Informationen und Fotos zu ihm im Internet.
3. Erstelle ein Plakat mit den wichtigsten Informationen.

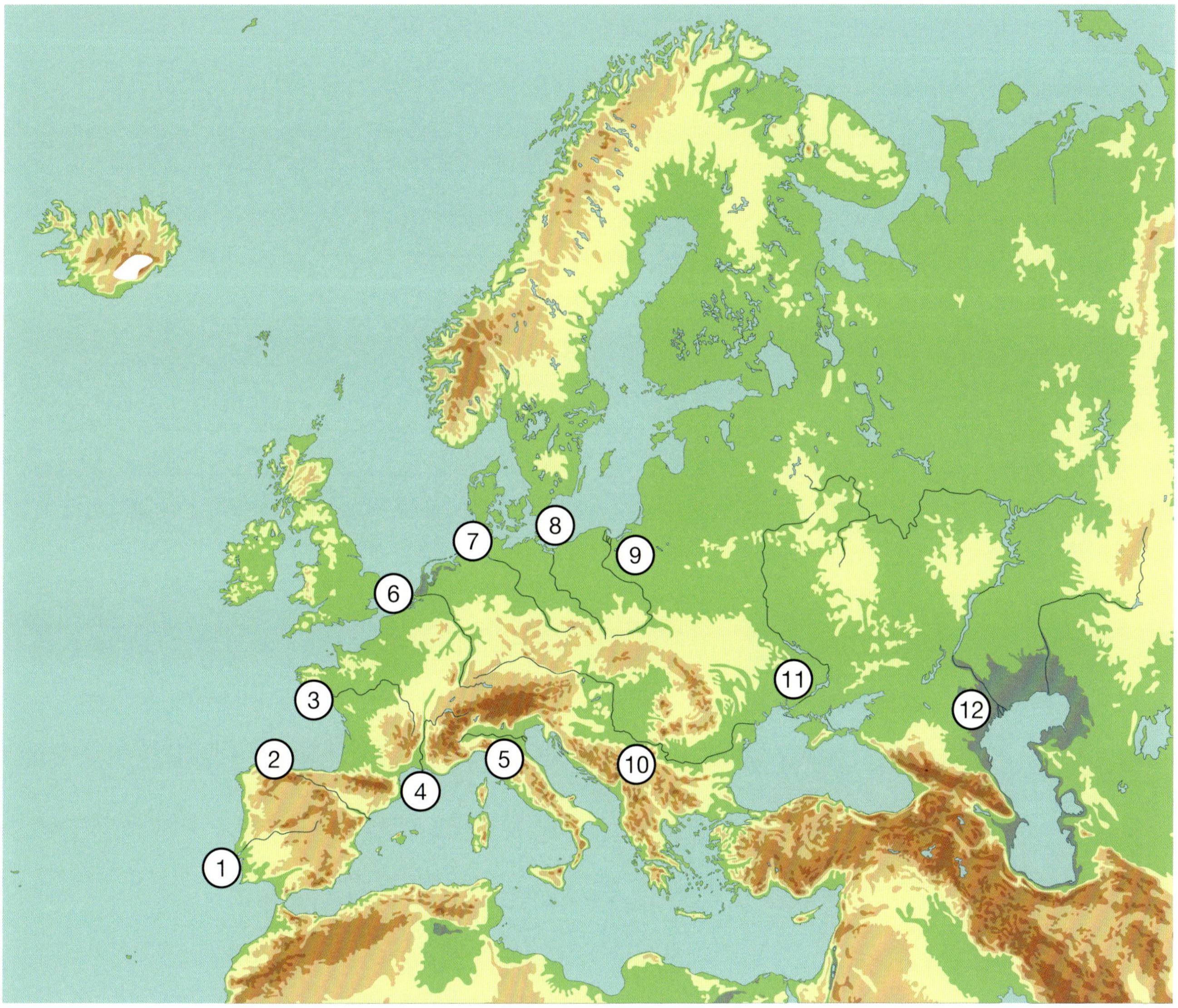

(1) ______________________ (5) ______________________ (9) ______________________

(2) ______________________ (6) ______________________ (10) ______________________

(3) ______________________ (7) ______________________ (11) ______________________

(4) ______________________ (8) ______________________ (12) ______________________

Europa-Rekorde

Aufgaben

1. Was passt zusammen? Verbinde.
2. Suche die Länder, Städte, Flüsse und Berge auf einer Europa-Karte. Findest du sie?

Die Wolga ist 3 530 Kilometer lang.	Es ist 543 965 m² groß.
Großbritannien ist die größte Insel.	Es ist nur 0,44 m² groß und liegt in Rom, der Hauptstadt von Italien.
Der höchste Berg ist der Mont Blanc.	Zu ihr gehören England, Wales und Schottland.
Frankreich ist das größte Land, das komplett in Europa liegt.	Sie ist der längste Fluss Europas.
Das kleinste Land ist der Vatikan.	Hier leben etwa 13 Millionen Menschen.
Die größte europäische Stadt ist Moskau.	Er ist 4 805 m hoch und steht in den Alpen auf der Grenze von Frankreich und Italien.

Welche Länder gehören zur EU?

Aufgaben

1. Suche die EU-Länder auf der Karte.
   Verbinde die Namen mit den Ländern auf der Karte.
2. Male alle EU-Länder blau an.
   Tipp: Wenn du dir nicht sicher bist, wo die Länder liegen, nimm die Europa-Karte oder einen Atlas zu Hilfe.
3. Wie viele Länder gehören zur EU? ________

EU ist die Abkürzung für Europäische Union. Das ist eine Gemeinschaft von vielen Staaten in Europa. Diese Länder machen gemeinsame Politik und Gesetze, die für die ganze EU gelten. Trotzdem ist jedes EU-Land unabhängig und macht auch eigene Politik und Gesetze.

Dänemark
Finnland
Schweden
Estland
Lettland
Litauen
Deutschland
Irland
Polen
Niederlande
Tschechien
Slowenien
Belgien
Slowakei
Luxemburg
Ungarn
Frankreich
Rumänien
Bulgarien
Portugal 
Spanien
Zypern
Italien
Österreich
Kroatien
Malta
Griechenland

Die Symbole der EU (1)

Lies die Texte und löse die Aufgaben.

1. Die Flagge der EU ist blau. Darauf ist ein Kreis aus zwölf gelben Sternen. Male die EU-Flagge.

2. Am 9. Mai wird an allen öffentlichen Gebäuden in der EU die Europa-Flagge gehisst, denn dann ist Europatag!
   Im Jahr 1950 hielt der französische Außenminister Robert Schuman an diesem Tag eine Rede. Er schlug vor, die Europäische Gemeinschaft für Kohle und Stahl zu gründen. Das war der Anfang der EU!
   Trage das Datum in den Kalender ein.

3. Die EU hat auch eine gemeinsame Hymne. Die Melodie stammt aus der Neunten Symphonie des berühmten Komponisten Ludwig van Beethoven. Höre dir die Hymne an, zum Beispiel unter: *www.coe.int/de/web/about-us/the-european-anthem*
   Wie klingt die Musik für dich? Was meinst du, warum wird die Hymne ohne Text gespielt?

____

____

____

Die Symbole der EU (2)

4. Im Jahr 2000 haben Schülerinnen und Schüler aus der EU in einem Wettbewerb ein gemeinsames Motto für die EU entworfen.
   Kannst du es erkennen? Schreibe es auf.

   In Vielfalt geeint.

____

Was könnte das Europamotto bedeuten?

____

____

____

5. In 20 EU-Ländern kannst du mit dem gleichen Geld bezahlen: dem Euro. Nimm einige Münzen und rubble sie mit einem Bleistift durch das Papier.

2 Euro	1 Euro	50 Cent	20 Cent
10 Cent	5 Cent	2 Cent	1 Cent

Die Geschichte der EU

Aufgaben

1. Schneide die Streifen aus. Lies die Texte und unterstreiche dabei die Jahreszahlen.
2. Bringe die Textstreifen in die richtige Reihenfolge und klebe sie auf ein Blatt.
3. Zeichne auf einem karierten Blatt einen Zeitstrahl von 1950 bis heute.
   Lege dazu das Blatt quer vor dich und nimm jeweils 5 Kästchen für 10 Jahre.
   Trage in den Zeitstrahl wichtige Daten und Stationen in der Geschichte der EU ein.

Ab 2002 wurde in vielen EU-Ländern eine gemeinsame Währung eingeführt: der Euro.

2013 wurde Kroatien in die EU aufgenommen.

1973 traten Dänemark, Irland und das Vereinigte Königreich der EWG bei.

1995 fielen durch das Schengener Abkommen an vielen Grenzen zwischen den EU-Ländern die Kontrollen weg. Im gleichen Jahr traten Finnland, Österreich und Schweden der EU bei.

Es folgten Spanien und Portugal im Jahr 1986.

Mit dem Vertrag von Maastricht wurde 1992 die Europäische Union (EU) gegründet. Dazu gehörte die Montanunion, die Europäische Gemeinschaft (EG, früher EWG) und EURATOM. Die EU-Länder machten eine gemeinsame Außen- und Sicherheitspolitik. Auch die Polizei und die Justiz arbeiteten nun zusammen.

1981 trat Griechenland bei.

1951 gründeten Belgien, die Bundesrepublik Deutschland, Frankreich, Italien, Luxemburg und die Niederlande die Europäische Gemeinschaft für Kohle und Stahl (EGKS). Diese wurde auch Montanunion genannt. In diesen sechs Ländern konnte nun ohne Zölle mit Kohle und Stahl gehandelt werden. So sollte ein neuer Krieg verhindert werden.

Als erster Staat trat 2020 das Vereinigte Königreich wieder aus der EU aus. Der Austritt wurde als „Brexit“ bekannt.

2007 traten Bulgarien und Rumänien der EU bei. Im gleichen Jahr wurde der Vertrag von Lissabon unterschrieben. Damit wurden frühere Verträge geändert und angepasst.

1957 gründeten die Mitglieder der EGKS die Europäische Wirtschaftsunion (EWG). Das Ziel war eine gemeinsame Wirtschaftspolitik, um noch näher zusammenzurücken. Im gleichen Jahr gründeten diese sechs Länder auch die Europäische Atomgemeinschaft (EURATOM). Damit einigten sie sich über die Nutzung von Energie aus Atomkraft.

2004 fand die EU-Osterweiterung statt: Estland, Lettland, Litauen, Polen, Slowakei, Slowenien, Tschechien und Ungarn. Auch Malta und Zypern kamen hinzu.

EDEN
FINNLAND
HELSINKI
STOCKHOLM
TALLINN
ESTLAND
LETTLAND
RIGA
LITAUEN
VILNIUS
MINSK
BELARUS
OLEN
WARSCHAU
RUSSLAND
MOSKAU
KIEW
UKRAINE
EN
SLOWAKEI
BRATISLAVA
BUDAPEST
UNGARN
MOLDAU
CHIŞINĂU
RUMÄNIEN
BUKAREST
EB
IEN UND
EGOWINA
ARAJEVO
BELGRAD
SERBIEN
ENEGRO
ODGORICA
KOSOVO
PRISTINA
SOFIA
BULGARIEN
SKOPJE
TIRANA
NORDMAZEDONIEN
ALBANIEN
ANKARA
TÜRKEI
ATHEN
GRIECHENLAND
NIKOSIA
ZYPERN

KANADA
Kuujjuaq
Ungava Bay
Port Burwell
Nain
Rigolet
Cartwright
Labradorsee
Davisstraße
Sisimiut
Ilulissat
Kangerlussuaq
Nuuk
Paamiut
Qaqortoq
Tasiilaq
GRÖNLAND
(Dänemark)
Grönlandsee
Ísafjörður
Reykjavík
ISLAND
Vatnajökull
Höfn
Nördlicher Polarkreis
Europäisc
Nordme
FÄRÖER (Dän.)
Tórshavn
Färöer Ins.
Shetland Ins.
Lerwick
Bergen
Haugesund
Stavanger
Orkney Ins.
Wick
Hebriden
Britische Inseln
Schottische See
Glasgow
Edinburgh
Belfast
Newcastle
Nordsee
INSEL MAN
IRLAND
Dublin
Limerick
Cork
VEREINIGTES
KÖNIGREICH
Leeds
Liverpool
Manchester
Birmingham
Irische See
Cardiff
London
Themse
Bristol-kanal
Fries. Inseln
NIEDERLANDE
Amsterdam
Den Haag
Rotterdam
Antwerpen
Lille
Brüssel
Köln
BELGIEN
Ärmelkanal
GUERNSEY
JERSEY
Le Havre
Luxemburg
LUXEMB.
Paris
Seine
Rennes
Straßburg
Loire
ATLANTISCHER
OZEAN
La Rochelle
FRANKREICH
Jura
Bern
Limoges
Genf
Lyon
Mont Blanc 4805 m
Biskaya
Bordeaux
Zentral-massiv
Turin
Rhône
Garonne
La Coruña
Kantabrisches Gebirge
Bilbao
Vigo
Ourense
Pyrenäen
Toulouse
Marseille
Nizza
Monac
Pamplona
Andorra
ANDORRA
Golfe du Lion
Porto
Valladolid
Douro
Zaragoza
Ebro
Barcelona
Korsika (Fra.
PORTUGAL
IBERISCHE HALBINSEL
Madrid
Lissabon
Tajo
SPANIEN
Valencia
Balearen
Menorca
Setúbal
Palma
Mallorca
Ibiza
Sardinien (Ita.)
S. Morena
Córdoba
Sevilla
S. Nevada
Granada
Murcia
Balearische Inseln (Span.)
Cádiz
Gibraltar
Mittelmeer
Straße von Gibraltar
Ceuta
Tanger
Algier
Annaba
Constantine
Sétif
Batna
Melilla
Oran
Terceira
Azoren
(Portugal)
Ponta Delgada
São Miguel
Madeira (Port.)
Funchal
Rabat
Casablanca
Fès
Oujda
Safi
Mittl. Atlas
Laghouat
Marrakesch
Hoher Atlas
Saharaatlas
Ghardaia
Touggourt
Ouargla
La Palma
Santa Cruz
Lanzarote
Las Palmas
Teneriffa
Gran Canaria
Fuerteventura
Kanarische Inseln
(Spanien)
Agadir
MAROKKO
Béchar
Westl. Großer Erg
El Goléa
Östl. Großer Erg
Smara
Tindouf
ALGERIEN
Erg Iguidi
Adrar
Tademait-Plateau

mal-Halbinsel
Abakan
Nowaja Semlja
Matochkin Shar
Rusanovo
Krasino
Amderma
Workuta
Nadym
Nojabrsk
Tomsk
Kemerovo
S I B I R I E N
Nowosibirsk
Barnaul
Surgut
Ob
Barents-
see
Petschora
Igrim
Nyagan
Indiga
Petschora
Tara
Hammerfest
Vadsø
Kirkenes
Tromsø
Alta
Murmansk
Kola
Halbinsel
Uchta
Tobolsk
Omsk
Irtysch
A S I E N
Serow
Kiruna
Lappland
Umba
Kemijärvi
Kovda
Weißes
Meer
Archangelsk
Rovaniemi
Kemi
Luleå
Oulu
Belomorsk
Onega
Kurgan
Qarqaraly
Astana
Qaraghandy
Jekaterinburg
Perm
Kotlas
S K A N D I N A V I E N
Karelien
Umeå
Kokkola
Kondopoga
Welsk
Suchona
Örnsköldsvik
Joensuu
Onega-
see
Rudny
Arqalyq
FINNLAND
Vaasa
Finnische
Seenplatte
Saimaa
Petrosa-
wodsk
RUSSLAND
Birsk
Ufa
Magnitogorsk
Kama
Sundsvall
Tampere
Lahti
Ladoga-
see
Sterlitamak
Bottnischer
Meerbusen
St. Petersburg
Rybinsker
Stausee
Kostroma
Kasan
Kuibyschewer
Stausee
KASACHSTAN
Orsk
Turku
Helsinki
Finn. Meerbusen
Nischni Nowgorod
Orenburg
Uppsala
Tallinn
ESTLAND
Peipus-
see
Samara
EDEN
Stockholm
Twer
Wolga
Moskau
Pärnu
Tartu
Linköping
Saare-
maa
Penza
Aral
Oral
Riga
LETT-
LAND
Gotland
Tula
Saratow
Liepaga
Daugavpils
Smolensk
Aral-
see
LITAUEN
Ostsee
Orel
Qulsary
Vilnius
Kaliningrad
(RUSSL.)
Minsk
Atyrau
USBEKISTAN
Kursk
Wolga
BELARUS
Homel
Nukus
Danzig
Don
Belgorod
Wolgograd
Daşoguz
E U R O P A
Ustjurt-Plateau
Sarykamysch-
see
Sumy
Weichsel
Warschau
Brest
Astrachan
Tschernobyl
Łódź
Kiew
Elista
Aqtau
TURK-
MENISTAN
POLEN
Dnjepr
Dnipro
UKRAINE
Oder
Mariupol
Krakau
Kaspisches Meer
Prag
Dnister
Aschgabat
Machatschkala
SCHECHISCHE
REPUBLIK
Asowsches
Meer
Krasnodar
Türkmenbaşy
SLOWAKEI
Karpaten
Chişinău
Bratislava
Noworossiysk
Kaukasus
Baku
Sabzewar
Wien
Budapest
Iaşi
MOLDAU
Odessa
Krim
Sochi
Sukhumi
Tiflis
ASER-
BAIDSCHAN
Donau
Theiß
Cluj-Napoca
TERREICH
UNGARN
GEORGIEN
Schwarzes Meer
Kl. Kaukasus
Batumi
ARMENIEN
Sewastopol
OWENIEN
RUMÄNIEN
Jerewan
Drau
Gr. Ungar. Tiefebene
ubljana
Zagreb
Belgrad
Bukarest
Schwarzes Meer
Trabzon
Teheran
KROATIEN
BALKAN
SERBIEN
Samsun
Qazvin
Sarajevo
Anatolien
Van-
see
Urmia-
see
Balkangebirge
INO
BOSNIEN U.
HERZEGOWINA
Sofia
Burgas
IRAN
Pristina
BULGARIEN
Istanbul
Hamadan
Yazd
Podgorica
KOSOVO
Ankara
MONTE-
NEGRO
Skopje
Marmarameer
TÜRKEI
Isfahan
Adriatisches Meer
Tirana
NORD-
MAZEDONIEN
Kirkuk
Kermanshah
Bursa
Eskişehir
Kayseri
ALBANIEN
Thessaloniki
Zagros-Gebirge
Neapel
Gaziantep
Konya
GRIECHEN-
LAND
Ägäisches
Meer
Izmir
Adana
Mesopotamien
Bagdad
Shiraz
sches
Aleppo
Kalabrien
Antalya
SYRIEN
Athen
Patra
Ionische Ins.
IRAK
Basra
Abadan
ermo
Ionisches
Meer
Nikosia
Kalamata
Zypern
ZYPERN
Rhodos
Kykladen
Sizilien
Beirut
Catania
LIBANON
Damaskus
Syrische Wüste
Kuwait
KUWAIT
Persis
Go
Iraklio
Valletta
BAHRAIN
Manamah
Kreta
Amman
Tel Aviv-Jaffa
Doha
MALTA
ISRAEL
Jerusalem
Gaza
KATAR
Mittelmeer
Nefud Wüste
JOR-
DANIEN
Al Hufuf
Alexandria
Tripolis
Misrata
Bengasi
Kairo
Gizeh
Tabuk
ARABISCHE HALBINSEL
Riad
SAUDI-
ARABIEN
Siwa
Hedschas
Hurghada
Medina
Rotes Meer
Karte: SIMPLYMAPS.de
ÄGYPTEN
Luxor
LIBYEN
Kom Ombo

ISLAND
REYKJAVÍK
NORWEGEN
OSLO
SCHOTTLAND
EDINBURGH
DÄNEMARK
NORDIRLAND
BELFAST
VEREINIGTES KÖNIGREICH
IRLAND
DUBLIN
WALES
CARDIFF
ENGLAND
LONDON
NIEDERLANDE
AMSTERDAM
BRÜSSEL
BELGIEN
LUXEMBURG
PARIS
FRANKREICH
LICHTENSTEIN
VADUZ
BERN
SCHWEIZ
MONACO
ANDORRA
MADRID
SPANIEN
PORTUGAL
LISSABON

Was verbindet die Menschen in der EU?

1. Was verbindet die Menschen in der EU?
   Verbinde die Satzteile miteinander. Schreibe sie dann in dein Heft ab.

Die EU hat eine gemeinsame Regierung:	ohne Zölle gehandelt werden.
In der EU kann man ohne einen Pass	von einem Land ins andere reisen.
In vielen EU-Ländern bezahlen die Menschen	an die sich alle halten müssen.
Waren können frei in allen Ländern der EU	die für alle Menschen in der EU gelten.
In der EU gelten auch gemeinsame Gesetze,	das Europäische Parlament.
Außerdem gibt es Grundwerte,	mit dem Euro.

2. Was glaubst du, welche sechs Grundwerte es in der EU gibt? Kreise sie ein.
   Streiche durch, was falsch ist.
   Tipp: Wenn du dir nicht sicher bist, was einzelne Wörter bedeuten, schaue in einem Lexikon nach.

Die Würde des Menschen muss jeder achten. – Freiheit –

Jeder muss ein Christ sein. – Der König regiert. – Demokratie –

Alle haben die gleichen Rechte. – Es gibt Gesetze, die für alle gelten. –

Ungleichheit – Menschenrechte

3. Schreibe die Grundwerte der EU in dein Heft.

Wie wird die EU regiert?

Aufgaben

Damit das Zusammenleben in der EU gut funktioniert, ist sie so ähnlich wie ein riesiger Staat organisiert. Hier siehst du die vier wichtigsten Organe der EU.

1. Lies die Texte und verbinde sie mit dem passenden Bild.
2. Welche weiteren Organe gibt es in der EU? Suche dazu Informationen im Internet.

Das Europäische Parlament

Die Europäische Kommission

Der Rat der Europäischen Union

Der Europäische Rat

Die Regierungs- und Staatschefs aller EU-Länder treffen sich viermal im Jahr im Europäischen Rat. Mit dabei sind zum Beispiel der deutsche Bundeskanzler Olaf Scholz und der französische Präsident Emmanuel Macron. Sie bestimmen, in welche politische Richtung es gehen soll.

Alle fünf Jahre dürfen die Menschen in der EU zur Wahl gehen. Sie wählen insgesamt 705 Politikerinnen und Politiker (Abgeordnete) für das Europäische Parlament. Diese stimmen über Gesetzte ab und wofür die EU Geld ausgibt. Außerdem kontrollieren sie, ob alle anderen in der EU nichts falsch machen.

Im Rat der Europäischen Union treffen sich Ministerinnen und Minister aus allen EU-Ländern. Sie kümmern sich zum Beispiel um die Außenpolitik oder sprechen über Themen wie Umwelt, Kultur oder Wirtschaft. Zusammen mit dem EU-Parlament entscheiden sie über Gesetze und Ausgaben.

Die Europäische Kommission ist die Verwaltung der EU. Sie schlägt Gesetze vor und kümmert sich darum, dass die beschlossenen Regeln und Gesetze auch tatsächlich umgesetzt werden.

Vorteile und Nachteile der EU

Aufgaben

1. Lies die Sätze. Was findest du gut und was nicht so gut? Markiere die Sätze dafür in zwei unterschiedlichen Farben.
2. Gestalte dann zwei Blätter mit den Überschriften: **Das gefällt mir gut an der EU** und **Das gefällt mir nicht so gut an der EU** Schreibe die Texte auf die passenden Blätter. Notiere auch, warum dir das gut oder nicht so gut gefällt. Hat manches Vor- und Nachteile?
3. Stellt eure Blätter in der Klasse vor. Sprecht gemeinsam darüber.

Ich finde es eigentlich gut, dass es gemeinsame Regeln gibt. Aber manchmal ist das auch schwierig, denn nicht immer passen die Regeln zu jedem Land.

Bevor es ein neues Gesetz gibt, muss es in verschiedenen Versammlungen diskutiert und sich darüber geeinigt werden. Der Prozess dauert oft sehr lange.

In der EU gibt es auch gemeinsame Regeln zum Umweltschutz. Darin steht zum Beispiel, dass die Luft und das Wasser nicht zu stark verschmutzt sein dürfen.

Nicht alle EU-Länder halten sich an die vereinbarten Regeln. Wer dagegen verstößt, muss eine Geldstrafe bezahlen.

Alle EU-Länder müssen sich an gemeinsame Regeln halten.

Die EU jagt gemeinsam nach Verbrechern.

In 20 EU-Ländern kann man mit dem gleichen Geld bezahlen: dem Euro.

Reiche Länder bezahlen viel Geld an die EU. Ärmere Länder bekommen das Geld. Damit können sie zum Beispiel bessere Straßen bauen.

Als Bürgerin oder Bürger der EU kann man ohne Pass reisen. Man darf in jedem EU-Land auch arbeiten oder wohnen.

Nicht jeder Mensch darf in die EU einreisen. Menschen aus vielen Ländern brauchen ein Visum, also eine besondere Genehmigung. Diese zu bekommen, kann sehr schwierig sein.

Flucht in die EU (1)

In der EU geht es vielen Menschen gut: Sie leben in Frieden, haben genug Geld zum Leben und ein Dach über dem Kopf. Das ist nicht überall auf der Welt so. In vielen Gebieten gibt es Kriege, Hunger und Armut. Deshalb flüchten die Menschen in die Länder der EU. Sie hoffen dort auf ein besseres Leben.

Aufgaben

1. Lies die Texte.
2. Suche dir einen Text aus. Zeichne die Fluchtroute in eine Karte ein.
3. Beantworte folgende Fragen in deinem Heft:
   - Aus welchem Land kommt das Kind?
   - Warum ist es aus seiner Heimat geflohen?
   - Mit wem ist das Kind zusammen geflüchtet?
   - Was hat die Familie auf der Flucht erlebt?
   - Wo lebt das Kind jetzt?
   - Was wünscht es sich für die Zukunft?

   Tipp: Lies den Text noch einmal.
   Unterstreiche die passenden Stellen.

Pryvit, ich bin Sofija.

Ich komme aus Kyjiw in der Ukraine. Seit 2022 ist bei uns Krieg. Am Morgen des 24. Februars hat Russland die Ukraine angegriffen. Meine Mutter hat sich mit mir und meinem Bruder Denis ins Auto gesetzt und ist einfach losgefahren in Richtung Westen, bloß raus. Die Straßen waren total voll und wir mussten stundenlang warten. Nach zwei Tagen sind wir dann in Polen angekommen. Dort haben uns die Menschen sehr freundlich empfangen. Geschlafen haben wir in einer Turnhalle. Wir sind eine Woche lang in Polen geblieben.

Dann sind wir weiter nach Deutschland gefahren. Dort wohnt meine Tante Anni. Bei ihr sind wir erst einmal eingezogen. Mama kann mit dem Computer weiter für ihre Firma in der Ukraine arbeiten. Denis und ich gehen in eine deutsche Schule. Dort habe ich eine neue Freundin gefunden: Kristina. Sie kommt auch aus der Ukraine. Nachmittags haben wir aber auch noch Unterricht bei unserer alten Lehrerin in der Ukraine über das Internet. Das ist ein bisschen anstrengend.

Mein Vater ist noch in der Ukraine. Er kämpft dort gegen die Russen. Ich vermisse ihn sehr. Ich hoffe, dass bald Frieden ist und wir wieder nach Kyjiw zurückkönnen.

Flucht in die EU (2)

Salut, ich bin Karim.

Ich lebe in Paris, der Hauptstadt von Frankreich. Doch eigentlich komme ich aus Tunesien. Das liegt in Nordafrika. Mein Vater hat so wenig Geld verdient, dass wir uns davon nicht genug zu essen kaufen und unsere Miete bezahlen konnten. Deshalb haben Mama und Papa beschlossen, nach Europa zu flüchten. Dort soll es besser sein, haben wir gehört.

Also haben wir eine kleine Tasche mit all unseren Ersparnissen gepackt und sind in eine Stadt am Mittelmeer gefahren. Zusammen mit anderen Männern, die auch nach Europa wollten, hat Papa ein Boot gekauft. Dann ging's los: Jeder hat eine Schwimmweste angezogen. Viele Stunden sind wir über das Meer gefahren. Dabei hatte ich ziemliche Angst, dass das Boot untergeht. Ich kann nämlich nicht schwimmen. Außerdem habe ich gehört, dass schon viele Schiffe mit Flüchtlingen an Bord im Meer gekentert und viele Menschen ertrunken sind.

Doch wir hatten Glück: Nach vielen Stunden hat unser Boot die italienische Insel Lampedusa erreicht. Dort sind wir todmüde an Land gegangen. Eigentlich wollte die Polizei uns in ein Flüchtlingsheim bringen. Aber meine Eltern haben gehört, dass von dort aus viele Menschen wieder nach Tunesien zurückgeschickt werden. Das wollten wir auf gar keinen Fall! Deshalb haben wir uns vor der Polizei versteckt. Ein Mann hat uns dann auf seinem Lkw mitgenommen. Wir sind durch ganz Italien gefahren und dann nach Frankreich. Immer wieder haben uns andere Autos mitgenommen. Schließlich sind wir in Paris angekommen. Dort lebt mein Onkel Said in einem großen Hochhaus. Die Wohnung ist sehr klein, aber das macht mir nichts. Ich habe schnell neue Freunde gefunden. Viele von ihnen sprechen auch Arabisch.

Aber auch mein Französisch wird immer besser. Ich kann gut Fußball spielen und hoffe, dass ich mal Profispieler werde.

Steckbrief: Ich komme aus …

Aufgabe

Fülle den Steckbrief aus. Klebe auch ein Foto von dir ein. Wie begrüßt du deine Familie? Schreibe in die Sprechblase. Trage dort auch deinen Namen ein.

____

Ich bin: ______________________

Mein Alter: ______________________

Mein Geburtsland: ______________________

So sieht die Flagge aus:

Liegt das Land in Europa?

☐ ja ☐ nein

Meine Eltern / Großeltern / Urgroßeltern kommen aus:

____

Sie sprechen diese Sprachen:

____

Welche Sprache(n) sprichst du?

____

Welches Fest feierst du am liebsten? Warum?

____

____

Was ist dein Lieblingsessen und aus welchem Land kommt es?

____

Wohin fährst du am liebsten in den Urlaub und warum?

____

____

Wie leben Kinder in Europa?

Aufgaben

1. Lies die Texte.
2. Suche dir einen Text aus. Vergleiche das Leben des Kindes mit deinem Leben. Welche Unterschiede und Gemeinsamkeiten gibt es? Schreibe in dein Heft.
3. Stelle dir vor, du würdest in einem dieser Länder leben. Was würdest du erleben? Schreibe eine Geschichte dazu.

Schule in Großbritannien

Hello, ich bin Emily. Ich wohne in London, der Hauptstadt von England. Jeden Tag gehe ich von 9 bis 15 Uhr in die Schule. Ich muss mir morgens keine Gedanken machen, was ich anziehe, denn bei uns tragen alle eine Schuluniform. Unsere Noten sind Buchstaben. Die beste Note ist ein A, dann kommen B, C, D und E. Nach dem E kommt U, die schlechteste Note. Kinder, die viele schlechte Noten haben, können aber nicht sitzenbleiben. Sie bekommen Nachhilfe.

Pferdekutschen in Rumänien

Salut, ich bin Liana aus Rumänien. Wir leben in einem kleinen Dorf. Wir haben kein Smartphone und auch kein Auto. Dafür aber eine Pferdekutsche, mit der die Männer im Dorf die Ernte einfahren. Meine Eltern sind Bauern, wie so viele hier. Die Lebensmittel kaufen wir nicht im Supermarkt, sondern auf einem Wochenmarkt. Oft stehen auch Händler an der Straße und verkaufen leckere Tomaten, Wassermelonen oder Weintrauben aus ihrem Garten. Rumänien ist eines der ärmsten Länder Europas. Trotzdem ist es toll hier, denn wir spielen viel draußen in den Wäldern. Dabei müssen wir allerdings immer gut aufpassen, denn es gibt dort viele Braunbären.

Vulkane auf Island

Halló, ich heiße Floki und lebe in Reykjavík, der Hauptstadt von Island. Da unsere Insel so hoch im Norden liegt, ist es hier im Sommer sehr lange hell. Aber dafür zeigt sich im Winter die Sonne immer nur kurz am Himmel und es fällt viel Schnee. Dann fahren wir Ski und Schlitten. Auch im Sommer bleibt es eher kühl, und fast immer pfeift uns ein kalter Wind um die Ohren. Auf unserer Insel gibt es nur wenig Bäume, aber dafür viele Vulkane! Diese sind sehr aktiv und spucken immer wieder Lava. Wenn man genug Abstand hält, sind die Vulkane aber zum Glück nicht gefährlich. Richtig toll sind die vielen heißen Quellen, die bei uns aus der Erde sprudeln. Dort kann man einfach ein Bad nehmen.

Klischees und Vorurteile

Aufgaben

1. Schneide die Bilder aus. Lies die Texte. Was passt zusammen?
   Klebe die passenden Bilder immer nebeneinander auf ein Blatt.
2. Habt ihr auch schon einmal etwas über Kinder aus einem anderen Land gedacht, das sich dann als falsch herausgestellt hat? Was war das?
   Sprecht in der Klasse darüber.
3. Suche dir zwei Kinder von den Bildern aus. Wie könnte ihr Gespräch weitergehen?
   Schreibe den Dialog weiter.

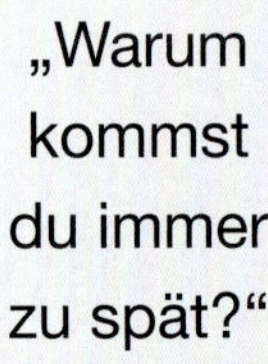

„Ik habe mein Hausaufgabe machen.“

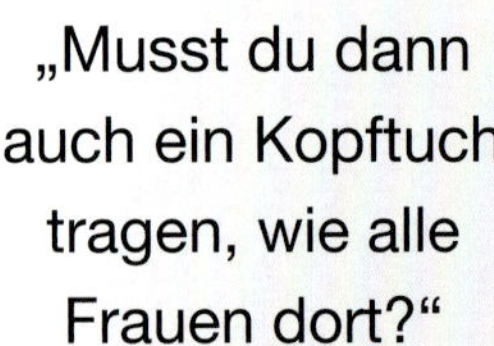

„Stimmt gar nicht! Ich bin Vegetarierin!“

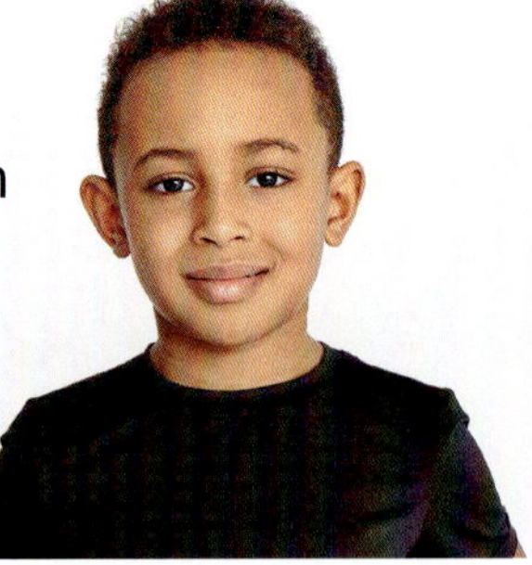

Memo-Spiel „Hej og farvel!“ (1)

Aufgabe

Schneidet die Karten aus. Mischt sie und spielt das Memo-Spiel.

Hallo!	**Tschüss!**	**Hello!**	**Goodbye!**
Hola!	**Adiós!**	**Merhaba!**	**Güle, güle!**
Salut!	**Salut!**	**Pryvit!**	**Buvay!**
Ciao!	**Ciao!**	**Cześć!**	**Do widzenia!**

Memo-Spiel „Hej og farvel!“ (2)

Hallo! 	Tot ziens! 	Jiá su! 	Jiá! 
Hei! 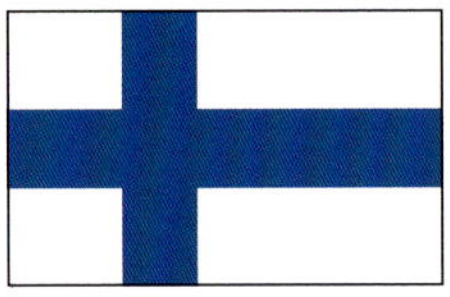	Hei, hei! 	Salut! 	Pa! 
Grüezi! 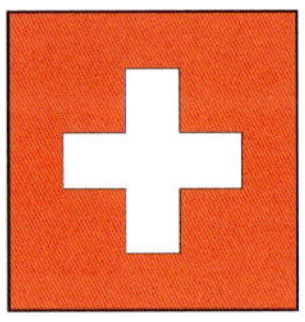	Ade! 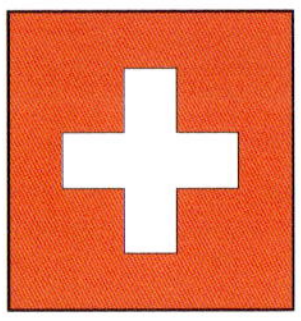	Hej! 	Farvel! 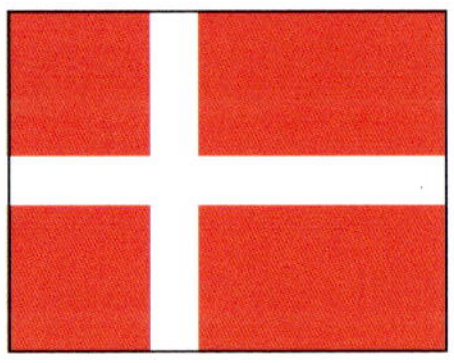
Szia! 	Viszlát! 	Sveiki! 	Čau! 

Europäische Sprachen

Aufgaben

1. Lies die Wörter. Weißt du, welche Bilder dazu gehören?
   Schneide die Bilder aus und klebe sie richtig auf.
2. Schreibe die deutschen Wörter dazu.

Bild	Spanisch	Englisch	Polnisch	Deutsch
	mamá	mum	mama	
	escuela	school	szkoła	
	casa	house	dom	
	lámpara	lamp	lampa	
	papá	dad	papa	
	gato	cat	kot	
	jirafa	giraf	żyrafa	

Wo kommen die Speisen her?

Aufgaben

1. Wie heißen die Speisen? Schreibe auf.
2. Verbinde sie dann mit dem Land, aus dem sie kommen.
   Wenn du es nicht weißt, frage andere Kinder in der Klasse.
3. Male die Länder in den Farben ihrer Flaggen an.

izPaz

nbtKäeokrc

pucesIaGhups

Blakaav

thsrcohBcs

fsodeKenuä

klardFnie

Mein Rezept: ______________________

Das Rezept kommt aus diesem Land:

____

Flagge

Diese Zutaten brauche ich:

____

____

____

____

____

So geht es:

____

____

____

____

____

____

____

____

Diese Speise esse ich gerne, weil ...

____

____

____

____

Feste feiern in Europa (1)

Aufgaben

1. Lies die Texte. Unterstreiche wichtige Informationen.
2. Lies nun die Sätze auf Arbeitsblatt (2) und kreuze die richtigen Antworten an.
   Achtung: Manchmal sind mehrere Antworten richtig!
3. Schreibe das Lösungswort auf die Linien.

Mittsommerfest

Das Mittsommerfest wird in vielen Ländern in Nordeuropa wie Schweden, Dänemark, Norwegen, Finnland oder Estland gefeiert. Es ist dort das wichtigste Fest nach Weihnachten und findet immer Ende Juni, in der kürzesten Nacht des Jahres statt. Viele Menschen haben frei und fahren aus den Städten hinaus aufs Land. Dort werden große Feuer angezündet. Es wird gesungen und getanzt. In vielen Ländern ist es Brauch, dass die Kinder Blumen pflücken und zu Kränzen binden.

Sinterklaas

Sinterklaas ist der Nikolaus in Belgien und den Niederlanden. Bereits Mitte November reist er mit einem Dampfschiff aus Spanien an. Auf dem Schiff bringt er die Geschenke mit. Im Hafen wird Sinterklaas von vielen Menschen begrüßt. Gemeinsam mit seinen Helfern, den Piets („Peter“), geht er an Land und verteilt Pfeffernüsse und Mandarinen. Zu Hause stellen die Kinder ihre Stiefel vor die Heizung oder den Kamin. Dort hinein legen sie ihre Wunschzettel und manchmal auch eine Möhre für das Pferd von Sinterklaas. Am 5. Dezember in den Niederlanden und am 6. Dezember in Belgien klettern nachts die Piets durch die Schornsteine. Sie bringen Geschenke und füllen die Stiefel mit Süßigkeiten.

Der Namenstag

In einigen Ländern in Europa ist der Namenstag wichtiger als der Geburtstag. Oft sind das Länder, in denen viele Menschen mit katholischem oder orthodoxem Glauben leben, wie zum Beispiel in Griechenland oder im Süden Zyperns.
Viele Kinder tragen die Namen von Heiligen, für die es bestimmte Gedenktage im Jahr gibt. Am Namenstag wird gratuliert und man bekommt Geschenke, genau wie am Geburtstag. Freunde und Verwandte kommen zu Besuch und es gibt Kuchen, Süßigkeiten und andere leckere Speisen.

Feste feiern in Europa (2)

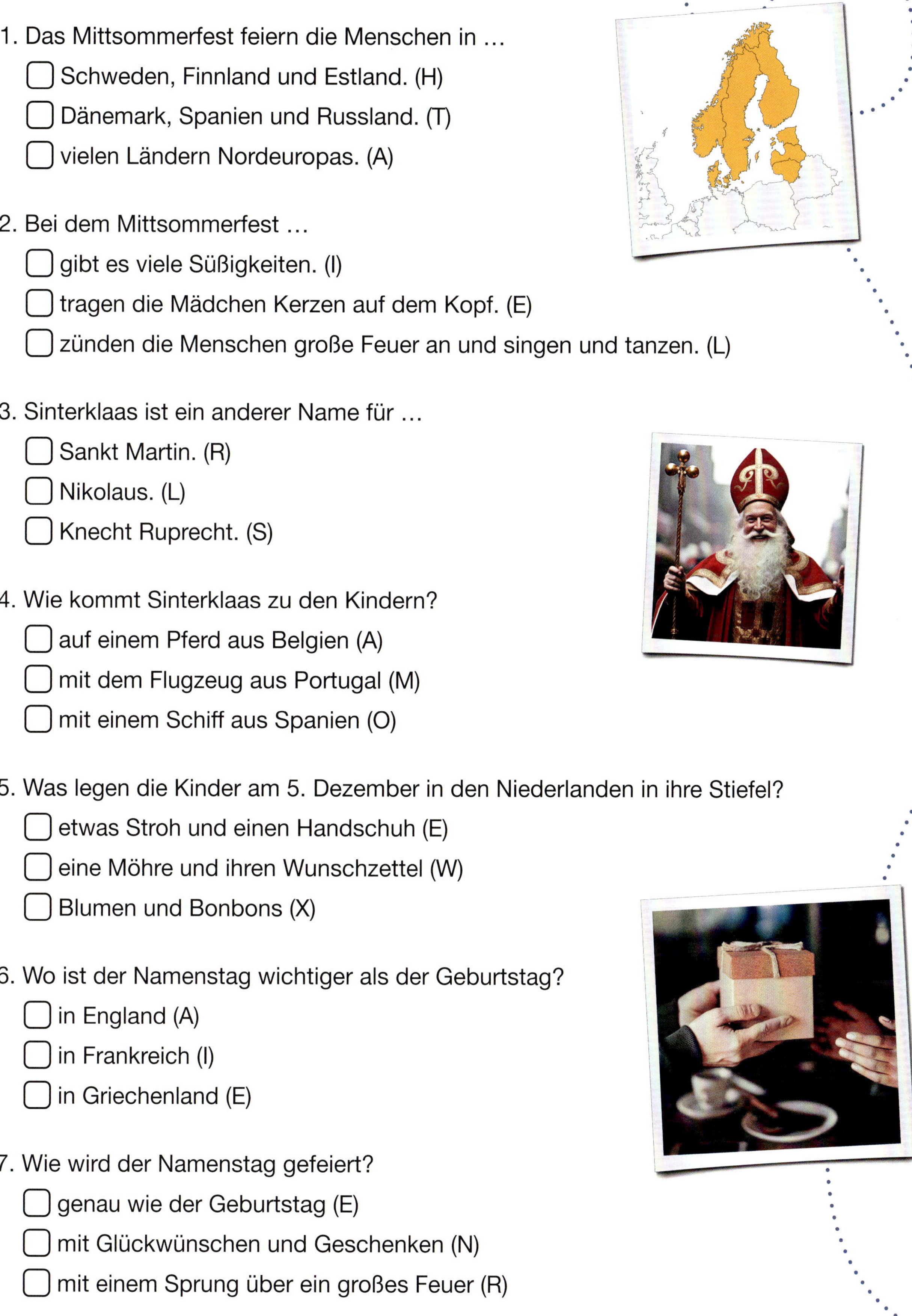

1. Das Mittsommerfest feiern die Menschen in …
   - ▢ Schweden, Finnland und Estland. (H)
   - ▢ Dänemark, Spanien und Russland. (T)
   - ▢ vielen Ländern Nordeuropas. (A)

2. Bei dem Mittsommerfest …
   - ▢ gibt es viele Süßigkeiten. (I)
   - ▢ tragen die Mädchen Kerzen auf dem Kopf. (E)
   - ▢ zünden die Menschen große Feuer an und singen und tanzen. (L)

3. Sinterklaas ist ein anderer Name für …
   - ▢ Sankt Martin. (R)
   - ▢ Nikolaus. (L)
   - ▢ Knecht Ruprecht. (S)

4. Wie kommt Sinterklaas zu den Kindern?
   - ▢ auf einem Pferd aus Belgien (A)
   - ▢ mit dem Flugzeug aus Portugal (M)
   - ▢ mit einem Schiff aus Spanien (O)

5. Was legen die Kinder am 5. Dezember in den Niederlanden in ihre Stiefel?
   - ▢ etwas Stroh und einen Handschuh (E)
   - ▢ eine Möhre und ihren Wunschzettel (W)
   - ▢ Blumen und Bonbons (X)

6. Wo ist der Namenstag wichtiger als der Geburtstag?
   - ▢ in England (A)
   - ▢ in Frankreich (I)
   - ▢ in Griechenland (E)

7. Wie wird der Namenstag gefeiert?
   - ▢ genau wie der Geburtstag (E)
   - ▢ mit Glückwünschen und Geschenken (N)
   - ▢ mit einem Sprung über ein großes Feuer (R)

Lösungswort: ___ ___ ___ ___ ___ ___ ___ ___ ___

Weihnachtspost (1)

Aufgaben

1. Lies die Nachrichten der beiden Kinder.
2. Wie feierst du Weihnachten? Feierst du überhaupt Weihnachten oder ist in eurer Familie ein anderes Fest wichtiger? Welches ist das?
   Schreibe eine Nachricht an einen Freund oder eine Freundin und berichte davon.

Neue Nachricht

An: Cc Bcc

Betreff:

Lieber Ajnur,

ich wünsche dir und deiner Familie „Wesołych świąt" – frohe Weihnachten!
Über die Weihnachtstage bin ich mit meinen Eltern nach Polen gefahren. Wir feiern hier mit unserer ganzen Familie zusammen. Weihnachten ist für uns das wichtigste Fest im Jahr. Wie die meisten Menschen in Polen ist meine Familie katholisch. Deshalb feiern wir das Fest traditionell.
Die ganze Wohnung wird festlich geschmückt. Und natürlich gibt es auch einen Weihnachtsbaum.
Das Weihnachtsfest beginnt am Heiligabend, sobald der erste Stern am Himmel aufgeht. Zuerst beten wir gemeinsam und dann bekommt jeder von uns eine Weihnachtsoblate. Das ist dünnes Esspapier, auf dem sich Bilder von Maria und Jesus befinden. Wir brechen gegenseitig von unseren Oblaten ein Stück ab. Dabei wünschen wir uns Glück und alles Gute für das nächste Jahr.
Dann beginnt das Festessen. Es gibt immer genau zwölf Gerichte – genau so viele, wie Jesus Jünger hatte. Der Tisch wird mit leckeren Speisen gedeckt wie Pasteten, Karpfen, Rote-Bete-Suppe und Piroggen. Piroggen sind gefüllte Teigtaschen.
Auf dem Tisch steht auch immer ein zusätzlicher Teller, falls noch jemand spontan zu Besuch kommt. Unter unsere Teller legen wir eine Geldmünze. Sie soll uns Glück und genug Geld im neuen Jahr bringen.
Nach dem Essen ist es dann endlich so weit: Wir dürfen die Geschenke auspacken!
Am Weihnachtsabend bleiben wir immer sehr lange auf. Denn um Mitternacht gehen wir zur Weihnachtsmesse in die Kirche. Das ist immer sehr schön und wir singen dort viele Lieder.
Eins davon ist die polnische Weihnachtshymne „Bóg się rodzi".
Heute Morgen war ich ganz schön müde und immer noch pappsatt von all dem leckeren Essen.
Ich wünsche dir noch schöne Weihnachtsferien und freue mich, wenn wir uns im Januar dann wieder in der Schule treffen!

Bis bald, pozdrawiamy
Lena

Senden

Weihnachtspost (2)

Neue Nachricht

An: Cc Bcc

Betreff:

Liebe Lena,

frohe Weihnachten aus Sarajevo!
Falls du es nicht mehr weißt: Sarajevo ist die Hauptstadt von Bosnien-Herzegowina.
Wie jedes Jahr besuchen wir hier über die Weihnachtsferien meine Großeltern.
Wir sind ja Muslime, deshalb feiern wir Weihnachten eigentlich nicht. Oma und Opa haben keinen Tannenbaum aufgestellt und es gibt leider auch keine Geschenke. Aber meine Großeltern haben hier in Sarajevo viele Freunde, die Christen sind. Sie laden uns an Weihnachten zu Tee und leckerem Kuchen ein. Manchmal gehen wir auch zusammen in der großen Kathedrale in die Christmette.
Dafür laden Oma und Opa ihre christlichen Freunde auch zu den muslimischen Feiertagen wie dem Opferfest und dem Zuckerfest ein. Vielleicht erinnerst du dich: Das Opferfest ist das wichtigste Fest für uns Muslime und am Ende des Fastenmonats Ramadan feiern wir das Zuckerfest. Beide Feste sind für uns so ähnlich wie für euch Weihnachten. Es gibt viele leckere Speisen zu essen und wir Kinder bekommen Geschenke, Süßigkeiten oder etwas Geld. Außerdem besuchen wir unsere Verwandten.
Hier in Sarajevo wünschen uns unsere christlichen Freunde dann „Alles Gute zum Fastenbrechen" – genauso, wie wir ihnen „Frohe Weihnachten" und „Frohe Ostern" wünschen. Das ist doch toll, oder? Vielleicht können wir unsere Klasse fragen, ob wir das nicht auch in Zukunft so machen wollen? Dazu könnten wir ja vielleicht auch einen Klassenkalender mit allen Festen machen? Was hältst du von dieser Idee?
Ich freue mich jedenfalls, dich nach den Ferien wieder in der Schule zu treffen.

Bis bald, ćao!
Ajnur

Senden

Feste und Bräuche in Europa (1)

Aufgaben

1. Schneide die Texte und die Bilder auf Arbeitsblatt (2) aus.
2. Lies die Texte und ordne sie den Bildern zu. Klebe sie zusammen auf ein Blatt.

In Dänemark hüpfen die Menschen an Silvester um Mitternacht vom Sofa oder einem Stuhl. Das bringt Glück für das neue Jahr.

In einigen Regionen in Deutschland feiern die Menschen im Februar oder März vor der Fastenzeit Karneval oder Fasching. Sie verkleiden sich und gehen auf Umzüge. Von den bunt geschmückten Wagen werden Süßigkeiten geworfen.

Am 27. April feiern die Niederländer jedes Jahr den Königstag. Das ist der Geburtstag ihres Königs Willem-Alexander. Die Menschen ziehen sie sich orangefarbene Kleidung an und feiern in den Straßen. „Oranje“ ist die Farbe der niederländischen Könige.

Am 6. Januar kommt in Italien die Weihnachtshexe Befana. Für Kinder, die brav waren, bringt sie Geschenke. Die anderen erhalten Süßigkeiten, die wie schwarze Kohlenstücke aussehen.

In Polen, Ungarn, Tschechien, der Ukraine und der Slowakei wird es am Ostermontag richtig nass: Die Menschen bespritzen sich gegenseitig mit Wasserpistolen oder gießen sogar ganze Eimer Wasser über andere aus.

Die Bulgaren feiern am 1. März den Frühlingsanfang. Sie schenken sich gegenseitig rot-weiß geflochtene Bändchen oder Püppchen. Wer den ersten Storch, die erste Schwalbe oder ein anderes Frühlingszeichen sieht, bindet diese an einen Baum und wünscht sich etwas.

Am 13. Dezember feiern die Schweden, Dänen und Norweger das Fest der Heiligen Lucia. Dazu gibt es eine Prozession, bei der die Kinder lange weiße Gewänder und Kerzen tragen. Ein Mädchen spielt die Lucia und schreitet voran. Man singt Lieder und isst leckeres Safrangebäck.

Die Menschen in Slowenien feiern jedes Jahr am 12. März den Gregorstag. Das ist der Tag der Verliebten. Man sagt, dass an diesem Tag die Vögel Hochzeit feiern.
Kinder basteln dazu aus Holz, Papier und Styropor kleine Schiffe und schwimmende Häuser. In der Nacht zum 12. März stellen sie eine Kerze hinein und lassen die leuchtenden Hausboote die Bäche hinunterfahren.

Feste und Bräuche in Europa (2)

Domino: Europäische Erfindungen

Aufgaben

1. Lies die Texte. Setze die folgenden Wörter richtig ein:
   Fußball – Impfung – Kugelschreiber – Batterie – Satellit – Automotor – Lego®
2. Male die passenden Flaggen der Länder in die Kästen.
3. Schneidet die Karten aus und spielt das Domino.

Start	Die bunten Steine mit Noppen kommen aus Dänemark.	 ____________	Ein Ungar hat diesen praktischen Stift erfunden.
 ____________	Dieses beliebte Ballspiel kommt aus England.	 ____________	Der Automotor ist eine deutsche Erfindung.
 ____________	Ein Franzose hat die Blindenschrift erfunden.	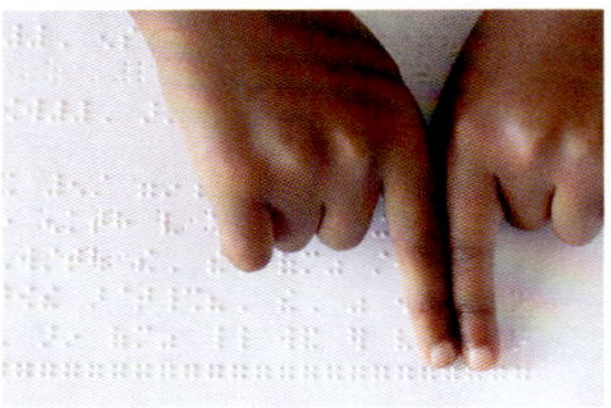 ____________	Die Russen schickten den ersten Satelliten ins Weltall.
 ____________	Die Batterie wurde in Italien erfunden.	 ____________	**Ende**

Sehenswürdigkeiten in Europa (1)

Aufgaben

1. Lies die Texte und schaue dir die Sehenswürdigkeiten an. Was passt zusammen? Verbinde in unterschiedlichen Farben. Schreibe den Namen der Sehenswürdigkeit auf die Linie.
2. Suche dir eine Sehenswürdigkeit aus und baue sie nach. Überlege, welche Materialien du dazu verwenden kannst (z. B. Pappe, Lego®, alte Kartons …).
3. Sammle Informationen in Büchern und im Internet. Erstelle zu deiner Sehenswürdigkeit ein kleines Plakat.

Die Karlsbrücke ist eine der ältesten Steinbrücken Europas. Sie führt über den Fluss Moldau in Prag.

Die Akropolis ist ein über 2 500 Jahre alter Tempel. Er war der griechischen Göttin Athene geweiht und steht in Athen.

Der Eiffelturm ist 330 Meter hoch und weltberühmt. Er steht in Paris.

Die bunten Türme der Basilius-Kathedrale in Moskau haben die Form von Zwiebeln. Deshalb nennt man sie auch Zwiebeltürme.

Ganz oben auf dem Freiheitsdenkmal in Riga steht eine Frau, die drei Sterne in die Höhe hält. Es erinnert an die Unabhängigkeit Lettlands.

Vor 5 000 Jahren bauten die Menschen diesen Kreis aus riesigen Steinen. Er wird Stonehenge genannt und steht in England.

Sehenswürdigkeiten in Europa (2)

Das riesige, runde Kolosseum in Rom haben vor 2000 Jahren die Römer gebaut. Früher kämpften dort Gladiatoren.

Das Brandenburger Tor steht dort, wo Deutschland früher in zwei Teile geteilt war.

In den Niederlanden gibt es viele Windmühlen.

Das Atomium in Brüssel besteht aus neun riesigen Kugeln, die miteinander verbunden sind. Sie stellen Atome dar.

Die Kleine Meerjungfrau sitzt in Kopenhagen auf einen Stein. Sie schaut aufs Meer hinaus.

In den Höhlen von Postojna kannst du wunderschöne Tropfsteine bewundern. Die Höhlen sind so groß, dass du mit einer Bahn ins Innere gefahren wirst.

Die Hagia Sophia war früher die größte Kirche der Welt. Heute ist sie eine Moschee. Sie steht in Istanbul.

Die Wikinger bauten vor 1000 Jahren schön verzierte Stabkirchen aus Holz. In Norwegen kannst du sie heute noch bewundern.

Wie heißen die Sehenswürdigkeiten? – Kreuzworträtsel

Aufgaben

1. Wie heißen die Sehenswürdigkeiten? Trage richtig in das Kreuzworträtsel ein:
   Eiffelturm – Akropolis – Kolosseum – Brandenburger Tor – Atomium – Windmühle – Karlsbrücke – Stabkirche – Kleine Meerjungfrau – Hagia Sophia
2. Schreibe das Lösungswort auf die Linien. Weißt du, wo diese berühmte Kirche steht? Schreibe es dazu.

6 5 2

7 8

1

9

4

3

Lösungswort:

___ ___ ___ ___ ___ ___ ___ ___ ___
1 2 3 4 5 6 7 8 9

Unser Urlaub in Europa

Aufgaben

1. Plant mit einem anderen Kind oder in einer Gruppe einen Urlaub in Europa. Überlegt gemeinsam: Was möchtet ihr gerne machen? Was ist euch wichtig? Die Fragen unten helfen euch dabei.
2. Informiert euch im Internet über Länder, in die ihr gerne reisen würdet.
   Tipp: Gebt die Namen hier in die Suchmaschine ein: *https://klexikon.zum.de/wiki/*
3. Habt ihr euch für ein Land entschieden? Dann macht euch an die Reiseplanung und beantwortet folgende Fragen:
   Wohin möchtet ihr reisen? • Mit welchen Verkehrsmitteln seid ihr unterwegs? • Durch welche Länder oder Städte führt eure Reise? • Welche Sehenswürdigkeiten gibt es dort? • Was möchtet ihr alles gerne machen und sehen?
   Zeichnet eure Reiseroute in eine Karte ein.
4. Stellt euch vor, ihr hättet die Reise gemacht. Was habt ihr in eurem Urlaub alles erlebt? Schreibt einen kurzen Brief mit lustigen oder spannenden Erlebnissen. Malt ein Bild von euch im Urlaub dazu oder macht ein Foto in passender Kleidung und klebt es ein.

Ich möchte am liebsten dorthin, wo es warm ist. Zum Beispiel ans Mittelmeer. Da kann ich bestimmt gut am Strand chillen.

Puh, das ist mir viel zu heiß! Ich möchte lieber ein bisschen mehr Action. Zum Beispiel auf Berge steigen oder Kanu fahren.

Für eure Planung:

- Soll es heiß sein oder lieber etwas kühler?
- Wollt ihr Urlaub am Meer oder an einem See machen? Oder lieber in den Bergen?
- Wollt ihr die Natur erleben? Oder lieber viel Sport machen? Oder viele Sehenswürdigkeiten besichtigen?
- Wie weit möchtet ihr reisen?
- Mit welchem Verkehrsmittel wollt ihr reisen? Bedenkt dabei: Mit dem Flugzeug geht es schnell. Aber das ist auch recht teuer und nicht so umweltfreundlich.
- Wollt ihr möglichst umweltfreundlich reisen?
- …

Alles ist möglich! Ihr habt freie Wahl!

Kreuz und quer durch Europa

Aufgaben

1. Wohin fahren die Kinder in den Ferien? Lies genau. Unterstreiche die Städte und Ländernamen farbig. Benutze für jedes Kind eine andere Farbe.
2. Nimm eine Karte und zeichne die Reiserouten der Kinder dort ein. Benutze dabei die gleichen Farben.
3. Beantworte die Fragen. Schreibe die Lösungen in dein Heft.

Anton, Mari, Leo und Alva wohnen in Kassel. Sie gehen in eine Klasse. Ihr Urlaub führt sie in verschiedene Länder:

- Anton macht mit seinen Eltern Urlaub in Norwegen. Mit dem Auto fahren sie 9 Stunden bis ganz an die Spitze Dänemarks. Dort setzen sie mit der Fähre über das Meer nach Norwegen über. Die Überfahrt dauert 4 Stunden.

- Mari fliegt mit ihrer Familie nach Tallinn in Estland. Der Flug dauert 4 Stunden und 30 Minuten. In Tallinn leben viele Verwandte von Mari.

- Leo reist mit seinen Eltern durch Osteuropa. Sie fahren mit dem Auto über Tschechien und die Slowakei nach Ungarn an den Plattensee. Von dort aus geht es weiter nach Rumänien bis ans Schwarze Meer.

- Alva macht eine Kreuzfahrt im Mittelmeer. Sie fliegt bis Rom in Italien. Dort steigt sie in ein großes Kreuzfahrtschiff. Es legt mehrmals an der Küste in Frankreich und dann in Spanien an. Auch auf den Inseln Mallorca und Sardinien macht es Halt. Dann geht es zurück nach Rom.

1) Welches Kind hat die längste Strecke zurückgelegt und welches die kürzeste? **Tipp:** Nimm ein Lineal und miss nach.
2) Wer hat am meisten andere Länder gesehen und wer am wenigsten?
3) Suche dir ein Verkehrsmittel aus. Welche Vorteile hat es, damit zu reisen? Welche Nachteile hat es?
4) Welche der vier Reisen würdest du am liebsten machen? Schreibe auch eine Begründung dazu.

Test: Was hast du behalten? (1)

1. Wie sieht Europa auf der Karte aus? Kreuze an und male aus.

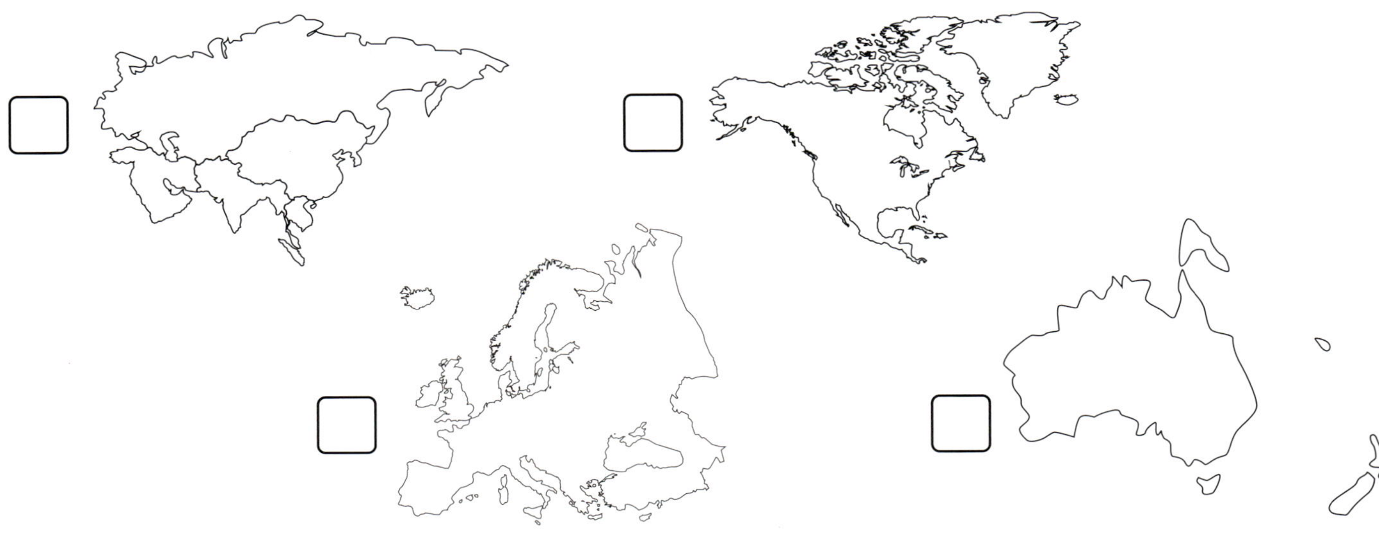

2. Welche Länder gehören **nicht** zu Europa? Streiche durch.

   Polen – Mexiko – Belgien – Kenia – Finnland – Frankreich – Deutschland –

   Griechenland – Brasilien – Italien – Kroatien – Marokko – Indien – Luxemburg –

   Niederlande – Österreich – China – Rumänien – Dänemark – Japan – Iran –

   Spanien – USA – Ungarn

3. Wofür steht die Abkürzung EU? Kreuze an.

   ☐ Europa Union ☐ Europäische Union ☐ Euro Unit ☐ Europa Unternehmen

4. Wie viele Länder gehören zur EU? ____________

5. Male die Flagge der EU in den Kasten.

Test: Was hast du behalten? (2)

6. Wie heißt Europas höchster Berg? Kreuze an.

- ☐ Vesuv
- ☐ Feldberg
- ☐ Mont Blanc
- ☐ Mount Everest

7. In welchem Gebirge liegt er?

8. Nenne fünf Flüsse in Europa.

9. Welche Meere gibt es in Europa? Nenne mindestens drei.

10. Schreibe drei europäische Länder mit ihren Hauptstädten auf.

11. Male die drei Länder in der Karte bunt an.

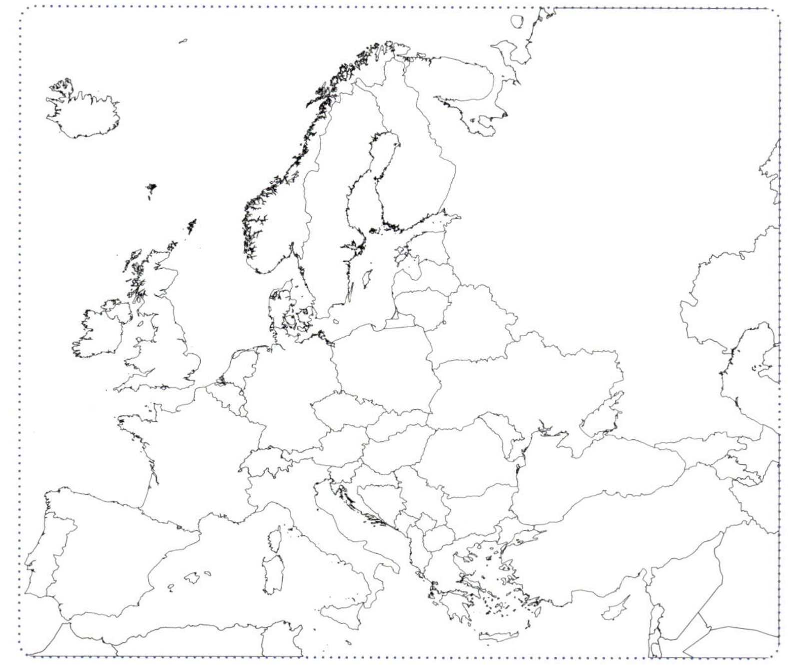

Lösungen

Zu S. 8: „Willkommen in Europa!“

1. Ich bin Europa, eine phönizische **Prinzessin.** Der griechische **Gott** Zeus hat sich in mich verliebt. Um mit mir zusammen zu sein, hat er sich in einen **Stier** verwandelt und mich entführt. Er ist mit mir durch das **Mittelmeer** bis zur Insel Kreta geschwommen. Dort haben wir drei **Söhne** bekommen. Der **Kontinent,** zu dem Kreta gehört, wurde nach mir benannt: **Europa.**
2. Europa ist der zweitkleinste Kontinent der Erde. Und doch ist Europa ziemlich groß: etwa 10,5 Millionen Quadratkilometer. Es gibt 47 Länder. In ihnen leben ungefähr 750 Millionen Menschen. Sie sprechen über 60 verschiedene Sprachen. Unglaublich, oder?

Zu S. 23: „Große Flüsse in Europa“

1) Tajo – 2) Ebro – 3) Loire – 4) Rhone – 5) Po – 6) Rhein – 7) Elbe – 8) Oder – 9) Weichsel – 10) Donau – 11) Dnjepr – 12) Wolga

Zu S. 24: „Europa-Rekorde“

- Die Wolga ist 3 530 Kilometer lang. Sie ist der längste Fluss Europas.
- Großbritannien ist die größte Insel. Zu ihr gehören England, Wales und Schottland.
- Der höchste Berg ist der Mont Blanc. Er ist 4 805 m hoch und steht in den Alpen auf der Grenze von Frankreich und Italien.
- Frankreich ist das größte Land, das komplett in Europa liegt. Es ist 543 965 m^2 groß.
- Das kleinste Land ist der Vatikan. Es ist nur 0,44 m^2 groß und liegt in Rom, der Hauptstadt von Italien.
- Die größte europäische Stadt ist Moskau. Hier leben etwa 13 Millionen Menschen.

Zu S. 33: „Was verbindet die Menschen in der EU?“

1.

- Die EU hat eine gemeinsame Regierung: das Europäische Parlament.
- In der EU kann man ohne einen Pass von einem Land ins andere reisen.
- In vielen EU-Ländern bezahlen die Menschen mit dem Euro.
- Waren können frei in allen Ländern der EU ohne Zölle gehandelt werden.
- In der EU gelten auch gemeinsame Gesetze, an die sich alle halten müssen.
- Außerdem gibt es Grundwerte, die für alle Menschen in der EU gelten.

2. **Grundwerte der EU:** Die Würde des Menschen muss jeder achten. – Freiheit – Demokratie. – Alle haben die gleichen Rechte – Es gibt Gesetze, die für alle gelten. – Menschenrechte

Zu S. 43: „Europäische Sprachen“

Spanisch	Englisch	Polnisch	Deutsch
mamá	mum	mama	Mama
escuela	school	szkoła	Schule
casa	house	dom	Haus
lámpara	lamp	lampa	Lampe
papá	dad	papa	Papa
gato	cat	kot	Katze
jirafa	giraf	żyrafa	Giraffe

Zu S. 44: „Wo kommen die Speisen her?“

Pizza (Italien) – Knäckebrot (Schweden) – Gulaschsuppe (Ungarn) – Baklava (Türkei) – Borschtsch (Ukraine) – Käsefondue (Schweiz) – Frikandel (Niederlande)

Zu S. 46/47: „Feste feiern in Europa“
Lösungswort: HALLOWEEN

Zu S. 55: „Wie heißen die Sehenswürdigkeiten? – Kreuzworträtsel“

Lösungswort: PETERSDOM